Werner Moriz

Blended-Learning

Entwicklung, Gestaltung, Betreuung und Evaluation von E-Learningunterstütztem Unterricht

1. Auflage 2008

Der Autor:

Dr. Werner Moriz (geb. 1962) ist als Humanwissenschafter und Institutsleiter für Berufspädagogik - Ausbildung und schulpraktische Studien an der Pädagogischen Hochschule Steiermark in Graz tätig. Seine Forschungsschwerpunkte liegen in der Leistungsfeststellung und -beurteilung, in der Unterrichtsevaluation sowie im Bereich des E-Learnings. Seit 1997 arbeitet er auch in der Konzeption und Weiterentwicklung von Blended-Learningangeboten an anerkannten privaten und öffentlichen Bildungsanbietern mit.

1. Auflage, 2008

Herstellung und Verlag: Books on Demand GmbH, Norderstedt

ISBN: 9783837042832

„Tele-Learning is making connections among persons and resources through communication technologies (television/video-based and computer-based) for learning-related purposes. (Collins, 1996) "

Inhaltsverzeichnis

Vorwort

Dieses Buch entstand aufgrund meiner Beschäftigung mit der Konzeption von E-Learning-Projekten und Lernprogrammen, an deren Entstehung ich in den letzten Jahren beteiligt war. Kennzeichnend für diese Arbeit war so mancher Um- und Irrweg, unterbrochen von leichten Frustrationsphasen oder resignierte Flucht in Literaturrecherchen, denn die Auseinandersetzung mit diesen neuen Medien und im Speziellen mit gangbaren Wegen des E-Learnings stellen eine nicht zu unterschätzende Herausforderung dar.

Bezeichnend für dieses neue Lernmedium ist, dass es zwar eine recht hohe Anzahl an Publikationen gibt, welche die Theorie des E-Learnings behandeln, aber dass es recht wenige gibt, die sich der praxisnahen Umsetzung widmen. Dieser Aspekt bewog mich dazu dieses vorliegende Buch zu schreiben. Es soll Einsteigern und/oder resignierenden Lernprogrammautoren gewissermaßen ein Geländer bieten, an dem entlang sie die Konzeption ihres Produktes in institutionellem und außerinstitutionellem Rahmen ausrichten können.

Vorweg sei festgehalten, dass sich dieses Buch als durchaus desillusionierend für jene herausstellen könnte, die im E-Learning die Lösungen der Probleme der Zukunft finden wollen – denn auch dieses neue Medium kann (glücklicherweise) den Traum vom Nürnberger Trichter nicht erfüllen. Wie bei allen Unterrichtsmodellen, die in den letzten Jahrzehnten entstanden, handelt es sich auch hierbei um keine Ablöse von veralterten Strukturen sondern maximal um eine weitere Möglichkeit - ein zusätzliches Werkzeug - des Lehrens und Lernens.

Auch diejenigen, die im E-Learning den Untergang des Berufsstandes Lehrer sehen, möchte ich beruhigen. Der Präsenzunterricht mit all seinen Facetten wird nach wie vor die bessere Lernform bleiben. Wie könnte auch ein elektronisches System Einfühlsamkeit und Verständnis im Sinne des pädagogischen Bezuges zwischen Lehrer/innen und Schüler/innen hervorbringen? Wie sollte eine spontan auf besondere Interessen der Schüler/innen reagierende Lehrperson vom Computer verdrängt werden?

Doch was ist mit jenen Menschen, die in weiterer Entfernung von Bildungsinstitutionen wohnen? Was mit den berufstätigen Bildungswilligen, für die der zeitliche Angebotsrahmen nicht vereinbar mit dem ihnen zur Verfügung stehenden zeitlichen Möglichkeiten ist? Was mit jenen, die sich autodidakt mit spezifischen Inhalten auseinandersetzen wollen? Für diese Gruppierungen stellt das E-Learning eine Bereicherung der Lernwelten dar und kommt dem Wunsch nach einer Individualisierung des Lernens entgegen.[1]

Nach dem Motto kein Vorwort ohne Danksagung, möchte ich mich vor allem bei Herrn Mag. Helmut Barak aus dem Bildungsministerium für die Erteilung dieses Forschungsauftrages, bei Frau Gerlinde Erlacher für die tatkräftige Unterstützung bei der Erstellung der Grafiken und bei Herrn Rudolf Neubacher für die äußerst kompetente Korrekturlesung, bedanken.

März 2008   Werner Moriz

---

[1] Vgl. Dick, 2000, S. 21.

Einleitung

Kaum ein anderes Lernmedium hat in den letzten Jahren und Jahrzehnten eine vergleichbare Karriere erlebt wie das E-Learning. Dies beweist schon das breite Spektrum an Bezeichnungen, die man dieser neuen Form des Lernens angedeihen lies. Telelernen, Open-Distance-Learning, Fernlehre, uam. können hier synonym genannt werden. Der Begriff E-Learning umfasst alle Lernformen, die auf der Basis von Informations- und Kommunikationstechnologien (IKT) beruhen. So begann Mitte der achtziger Jahre des vorigen Jahrhunderts die Verbreitung der ersten Lernprogramme. Anfang der neunziger Jahre wurde die Lernsoftware multimedial und bereits in der Mitte dieses Jahrzehnts wurden die ersten multimedialen Telelernsysteme konzipiert. Aber spätestens seit das Bundesministerium für Bildung, Wissenschaft und Kultur im Jahr 2000 das IKT-Strategiekonzept mit dem Ziel die neuen Medien in das Schulsystem zu implementieren, der Öffentlichkeit präsentiert hat, macht sich eine in breiter Front erkennbare Euphorie hinsichtlich dieses neuen Lernmediums breit. Ein Ende dieser Tendenzen scheint durch die rasante Weiterentwicklung der technischen Möglichkeiten und der weltweiten Vernetzung durch das Internet kaum in Sicht.

Bedauerlicherweise stehen sich aber die Lager der Befürworter und Gegner des E-Learnings immer noch unversöhnlich gegenüber. Die Polarisierungen reichen vom Untergang schulischer Bildung[2] bis hin zur Revolution des Lehrens und Lernens.[3]

---

[2] Vgl. Stoll, 2001, S. 110 ff.
[3] Vgl. Magnus, 2001, S. 13 ff.

Vorweg beide Extremstandpunkte erscheinen schlichtweg übertrieben. Fest steht heute, dass das E-Learning mit Bestimmtheit keine Lehrer und Lehrerinnen verdrängen wird und schon gar nicht das Lernen zu revolutionieren im Stande ist, aber durch die Möglichkeit der multimedialen Darbietung von Inhalten zu einem Bestandteil des Unterrichtsgeschehens avancieren könnte. Nicht umsonst wird heute das *Blended-Learning*, das die gesunde Mischung aller relevanten Unterrichtsmethoden bzw. -medien als zentralen Ansatzpunkt hat, in den Mittelpunkt schulpädagogischer Überlegungen gestellt.[4]

A la longue wird sich zwar niemand diesem Medium verschließen können, aber auch eine kritische Betrachtungsweise dieser neuen Medien und Lernformen sollte am Beginn dieses Buches nicht fehlen. Bis in die sechziger Jahre des vorigen Jahrhunderts bildete der pädagogische Bezug zwischen Lehrer/innen und Schüler/innen in Anlehnung an den geisteswissenschaftlichen Pädagogen Hermann Nohl (1879-1960) die Grundlage pädagogischer Überlegungen. Nohl ging davon aus, dass ein positives Interaktionsverhältnis für die Erreichung pädagogischer Zielsetzungen die Grundlage jedes Erziehungs- und Unterrichtsprozesses darstellt. Durch die verstärkte Reflexion gesellschaftlicher Zusammenhänge in den sechziger Jahren kam es zu einem Umkehrschwung in pädagogischen Diskussionen - die Schule bzw. die Lehrer/innen wurden zunehmend als Erfüllungsgehilfen der gesellschaftlichen Machtstrukturen gesehen. Während dieser Zeit erlangten die Begriffe Selbstverantwortung und selbstständiges Lernen grundlegende Bedeutung. Diese radikale Betrachtungsweise des

---

[4] Vgl. Moriz, 2003a, S. 25.

Schulsystems verlor aber recht bald wieder an Bedeutung und der pädagogische Bezug im Sinne Hermann Nohls erlebte eine Renaissance. Unbestritten ist heute, dass ein positives, emotionales und auf Verständnis basierendes Verhältnis zwischen Lehrer/innen und Schüler/innen die Basis ist, auf der guter Unterricht gedeihen kann. Dass E-Learning diesem pädagogischen Bezug nur schwer Rechnung tragen kann liegt auf der Hand. Deshalb möchte ich an dieser Stelle besonders darauf hinweisen, dass in E-Learning-Konzeptionen der soziale Aspekt in Form von Präsenzphasen mitgedacht werden muss. Auch hier liegt das Gift in der Dosierung. Durch die rasante Weiterentwicklung dieses Lernmediums wird meist auf eine weitgreifende, pädagogische Reflexion vergessen.

An dieser Stelle sei auch festgehalten, dass multimediale Lernprogramme verpackt in E-Learning-Produkten die Prozesse des Lernens nicht verbessern können – der viel gesuchte *Nürnberger Trichter* wird auch durch das E-Learning nicht realisiert - aber erfolgversprechend sind dabei die Möglichkeiten, die die Multimediafähigkeit dieses Mediums bietet. Alle Sinne anzusprechen und die Vielfalt der Darbietungsarten seien hier exemplarisch genannt.[5]

Nachdem es sich beim E-Learning aber großteils um isoliertes Lernen am und mit dem PC handelt, ist besonderes Interesse auf Lernprozesse hinsichtlich Wissen und Verständnis zu legen. Wenn wir unter lernen einen Prozess der Verhaltensänderung aufgrund von Erfahrungen[6] sehen, wird selbstredend klar, dass die reine Darbietung von Fakten und unreflektierter Inhalte kaum die Basis eines Lernprogramms sein dürfen. Einfach Skripteninhalte eins zu eins in E-

---

[5] Vgl. Holzinger, 2000b, S. 107.

Learningprogramme zu implementieren, wie dies häufig passiert, kann nicht zielführend sein, egal ob es sich dabei um die einfachste Version des E-Learnings in Form von elektronischen Skripten handelt, oder um ausgeklügelte Lernprogramme. Den drei didaktischen Grundfunktionen:[7] Wissen vermitteln, Übungen anbieten und Übungen auswerten und rückmelden, muss in allen Formen des E-Learnings Rechnung getragen werden.

Eine weitere Einschränkung ergibt sich hinsichtlich des Wissens- bzw. Verhaltensbereiches der angestrebten Kompetenzen der Lernenden. E-Learning eignet sich in erster Linie für das Lernen von kognitiven Inhalten und stößt bei affektiven Bereichen sehr rasch an seine Grenzen.

Zusammengefasst sei festgehalten, dass dieses Medium sowohl Vorteile als auch Nachteile mit sich bringt. Die Vorteile des E-Learnings liegen vor allem in der Multimediamöglichkeit des Computers, die es gestattet alle Sinne in einem Medium vereint anzusprechen. Weiters kommt es denjenigen Lernenden zugute, die in weiterer Entfernung von Kursörtlichkeiten wohnen oder es mit ihrem beschränkten zeitlichen Rahmen nicht vereinbaren können, Weiterbildungskurse zu besuchen. Hinsichtlich des Lernprozesses ist hier auf die individuellen Bedürfnisse der Lernenden hinzuweisen. So ist abgesehen vom zeitlich unabhängigen Lernen vor allem das flexible Lerntempo anzuführen, denn jedes E-Learning-Modul kann so wie notwendig bearbeitet werden, ohne auf die restlichen Teilnehmer Rücksicht nehmen zu müssen. Auch die Intensität des Lernens ist individuell gestaltbar. In diesem Sinne kommt das E-Learning einem selbstverantwortlichen und indivi-

---

[6] Vgl. Wiater, 1997, S. 88.

duellen Lernen sehr nahe. Diesen Vorteilen stehen aber auch eine Reihe von Nachteilen gegenüber.

Die Nachteile des E-Learnings liegen in erster Linie im Fehlen der sozialen Kontakte sowohl zu den Lehrenden, als auch zu den anderen Lernenden. Kein Computer kann die spontane Erklärung eines Lehrenden, die dieser aufgrund einer bestimmten Fragestellung individuell erteilt, ersetzen. Auch nicht zu unterschätzen, sind die Hilfestellungen von Mitlernenden in Unterrichtssituationen und Gesprächen außerhalb des Schulungsrahmens – wer von uns hat nicht gerne die Community einer Lerngemeinschaft in Anspruch genommen und davon profitiert? Aus diesem Grund wird diese Lernform häufig auch als alleingelassenes Lernen umschrieben. Des weiteren ist kaum ein individuelles Eingehen auf die Bedürfnisse der Lernenden möglich. Die am E-Learning teilnehmenden Personen werden als Kollektiv betrachtet und behandelt.

Dieses Buch gliedert sich in drei Teile, wobei jeder Teil für sich und (beinahe) unabhängig von den anderen Teilen gelesen und behandelt werden kann:

Im ersten Teil wird allgemein auf die Thematik E-Learning eingegangen. Dabei sind vor allem die Arten und zugrunde liegenden Lerntheorien von zentraler Bedeutung.

Der zweite Teil behandelt die Erstellung von E-Learningprogrammen, insbesondere die Konzeption, Gestaltung, Betreuung und Evaluierung von E-Learningvorhaben.

---

[7] Vgl. Dittler, 2002, S.15.

Im dritten Teil sind die unterschiedlichen Modelle des E-Learnings zentral. Diese sollen eine Hilfe zur Implementierung dieses Mediums in den Unterricht, im Sinne eines *Blended-Learnings* bieten.

Weiters orientiert sich dieses Buch an einem Forschungsprojekt, das im Zeitraum März 2002 bis September 2003 an der Berufspädagogischen Akademie des Bundes in Graz durchgeführt wurde und dessen Ergebnisse zu Beginn jedes Teiles einführend dargestellt werden.

Grundsätzlich umfasst der Begriff E-Learning alle Lehr- und Lernformen, die auf dem Arbeiten am und mit dem PC basieren. Ob dies nun der zielgerichtete Einsatz im traditionellen Unterricht, im Sinne des Suchens und Verarbeitens von Inhalten ist, oder der Einsatz tatsächlicher Lernprogramme, die von den Schüler/innen in der Schule, aber auch zu Hause bearbeitet werden können.

Diese Spannbreite des E-Learnings belegt, dass es hier keine allgemein gültige Definition dieser neuen Lehr- und Lernform gibt, wobei es sich um die Sinnhaftigkeit einer solchen streiten ließe. Gerade auf Grund des raschen Wandels der technischen aber auch didaktischen Rahmenbedingungen wären Definitionen schneller obsolet, als sie erstellt werden könnten - E-Learning kennzeichnet sich eben durch eine starke Dynamik in der Entwicklung die einerseits durch die sich ständig verbessernden technischen Möglichkeiten und anderseits durch erweiterte Möglichkeiten des didaktischen Einsatzes stark vorangetrieben wird.

Auf alle Fälle birgt dieses Medium doch einige Chancen und Möglichkeiten, die im Sinne eines neuen „Werkzeuges" des Lehrers und der Lehrerin Verwendung finden sollte. Die ursprüngliche Befürchtung, dass E-Learning Lehrer/innen verdrängen könnte, ist absolut unbegründet. Wie die Erfahrungen der letzten Jahre zeigen, ist auch dieses Medium nur so gut wie sein Einsatz - und den bestimmt der Anwender.

Das folgende Kapitel zeigt eine grobe Auflistung der Möglichkeiten des E-Learnings, wobei unter Berücksichtigung des raschen Wandels keine Gewähr auf Vollständigkeit gegeben werden kann.

Weiters bietet es eine Einführung in die für das E-Learning relevanten Lerntheorien und stellt letztendlich das Forschungsprojekt dar, anhand dessen sich die Richtlinien dieses Buch orientiert.

1 Die Vielfalt des E-Learnings

Grundlage des E-Learnings ist der Personalcomputer mit seiner Multimediafähigkeit, der die Möglichkeit bietet sowohl visuelle, auditive als auch interaktionstechnische Reize synchron darzubieten. In Kombination mit dem Internet stellt er die Basis jedes E-Learning-Programms dar. Im Folgenden seien die gängigsten Arten des E-Learnings kurz dargestellt.

1.1 Computer Based Training

Das Computer Based Training (CBT) kann mittlerweile als klassisches multimedial unterstütztes Lernprogramm auf CD-ROM oder DVD betrachtet werden, das als eigenständige Anwendung ohne Hilfe einer Internet-Verbindung arbeitet. Bei dieser Art des E-Learning übernimmt der Computer die klassischen Agenden des Unterrichts. So bietet eine CBT neben der Wissensvermittlung (Präsentation von Lerninhalten) auch Übungen (Aufgaben oder Fragestellungen) sowie deren Auswertung (Erfolgskontrolle) an.[8] Die Lernenden werden durch ein aufbereitetes Stoffgebiet geführt, wobei durch eine gezielte Inhaltsdarbietung auf eine ständige Optimierung der Lernprozesse zu achten ist. Durch Kontrollfragen und entsprechende Rückmeldungen wird aufgezeigt, inwieweit der Inhalt verstanden wurde. Die Lernenden können zeitlich und örtlich sowie in individuellem Lerntempo eigenverantwortlich lernen. Allerdings kann bei CBT im Gegensatz zum Web Based Training jeweils nur eine Person an einem Programm arbeiten und es gibt kaum Möglichkeiten der Betreuung.

---

[8] Vgl. Dittler, 2002, S. 15, 30.

1.2   Web Based Training

Im Unterschied zur CBT erfolgt beim Web Based Training (WBT) die Inhaltsdarbietung über das Internet. Die Contents liegen auf einem zentralen Server und werden bei Bedarf aufgerufen. Der Nachteil gegenüber einer CBT ist der, dass durch die derzeitigen Übertragungsgeschwindigkeiten über das Internet viele Animationen und Darstellungen nur begrenzt einsatzfähig sind. Der Vorteil liegt aber in der Administrierbarkeit eines Lernprogramms – so können neuere Versionen oder Änderungen der Inhalte einfach auf dem Server aktualisiert werden und man hat die Gewissheit, dass allen Lernenden ständig die neuste Version dargeboten wird.

1.3   Expertensysteme

Eine weitere Unterscheidung wird meist zwischen Experten- und Autorensystemen getroffen. Expertensysteme sind fertige E-Learning-Programme, die auf dem Markt erhältlich sind. Es gibt bereits eine Vielzahl an Programmen mit unterschiedlicher Qualität, wobei gute oder weniger zufriedenstellende E-Learning-Programme nicht auf den ersten Blick erkannt werden können. Um die Qualität eines E-Learning-Programms zu erfahren, ist eine intensive Beschäftigung mit diesem Programm wichtig. Erst dadurch kann herausgefunden werden, ob die richtigen Informationen in entsprechender Weise präsentiert werden.

1.4   Autorensysteme

Bei Autorensystemen müssen E-Learning-Programme von Fachex-
pert/innen für ein spezielles Thema kreiert werden, um die gewünschten Inhalte nach eigenem Wissen präsentieren zu können. Zur Erstellung der Inhalte und Übungsaufgaben stehen Layout-Tools, Interpre-
ter, Strukturierungstools und eine spezielle Programmierumgebung zur
Verfügung.

Dieses Vorhaben ist meist sehr kostspielig und zeitaufwendig. Aus
diesem Grund kann auf das neu entwickelte Rapid E-Learning zurückgegriffen werden.

1.5   Rapid E-Learning

Diese neue Präsentationsplattform Macromedia-Breeze kann Power-
Point-Präsentationen in multimediale Informations- und Trainingskurse
umwandeln, welche über das Web zugänglich sind. Mit diesem Pro-
dukt können Fachexpert/innen über spezielle Tools die Contents selber aufbereiten und in das Web stellen. Die in Microsoft PowerPoint
erstellten Präsentationen können direkt in multimediale Trainingskurse
umgewandelt werden, wobei zusätzlich interaktive Schaltflächen hin-
zugefügt werden können. Eine weitere Möglichkeit bietet das Verto-
nen von bestimmten Passagen, sowie das Einspielen von Videose-
quenzen. Individuell können Erfolgskontrollen durch beispielsweise
Multiple-Choice-Fragen oder einem Quiz eingefügt werden oder es
gibt Feedback-Möglichkeiten, welche der Autor erstellen kann. Zusätzlich zu Macromedia Breeze werden zwei Zusatzmodule, nämlich
„Breeze Training" und „Breeze Live", mitgeliefert. „Breeze Training"

enthält spezielle Module, mit denen unter anderem die Nutzerverwaltung und das Reporting möglich ist. Weiters erhält jeder Kursteilnehmer eine eigene Zertifizierungsnummer, durch die der/die Lernende Kursbestätigungen erhält. Als zweites Zusatzmodul ist „Breeze Live" enthalten, welches eine Verbindung zu einer Live-Präsentation erlaubt. So kann beispielsweise jede/r Teilnehmer/in einem Kurs beiwohnen, bei dem der/die Kursleiter/in in einem Schulungsraum unterrichtet und die Lernenden durch eine direkte Videoübertragung über größere Entfernungen teilnehmen. Eine weitere Möglichkeit von „Breeze Live" ist die Einrichtung von Meeting-Rooms, zu denen nur bestimmte, autorisierte Teilnehmer/innen Zutritt bekommen.[9]

1.6   Lernplattformen

Neben den herkömmlich aufbereiteten Lerninhalten bieten E-Learning-Plattformen oder Lernportale meist noch zusätzlich Foren, Chatrooms, FAQs (häufig gestellte Fragen), Lehrfilme und Newsgroups an, damit sich die Lernenden untereinander austauschen können. Dieses Community-Learning bietet die Möglichkeit Lernende in Gruppen zusammenzufassen um gemeinsame Arbeitsaufträge als Team zu lösen. Die Kommunikationsmittel reichen dabei über E-Mail, Foren, News, etc. innerhalb und außerhalb der Communities. In dieser Form des weiterentwickelten WBTs stehen erweiterte Lernfunktionen sowie Fachexpert/innen zur Verfügung, welche die fachlichen oder inhaltlichen Fragen der Lernenden per Chat oder E-Mail beantworten. Als besondere Errungenschaft von Lernplattformen gegenüber CBT und WBT kann somit die individuelle Betreuung durch Tutoren

---

[9] Vgl. URL http://www.competence-site.de/presse.nsf/0/ [02.01.2005].

oder Coaches gesehen werden[10]. Diese asynchrone Betreuung ermöglicht den Lernenden mehr Flexibilität und eine größere Eigenverantwortung, da sich die Teilnehmer den Zeitpunkt aussuchen können, wann sie sich in das Portal einloggen.

1.7   Videokonferenzen

Videokonferenzen oder virtuelle Seminare bieten ortsunabhängige Schulungen an, an denen beliebig viele Lernende teilnehmen können. Der/die Vortragende hält sein/ihr Seminar in einem Raum mit Kameras oder über eine WebCam ab und beliebig viele Teilnehmer können diesem Seminar beiwohnen. Der/die Leiter/in kann die Erklärungen visuell und auditiv unterstützen, wobei auch die Lernenden die Beiträge über das Internet mitverfolgen können. Anhand der zusätzlichen Beiträge können Inhalte anschaulicher und somit leichter merkbar gemacht werden. Durch die synchrone Betreuung können Fragen, welche von den Studierenden während des Vortrages gestellt werden, sogleich beantwortet und eventuell in den Verlauf des Unterrichtes eingebunden werden[11]. Diese synchrone Ausbildung kann durchaus mit der klassischen Ausbildung verglichen werden, auch wenn sie in digitaler Form stattfindet.

1.8   Blended-Learning

E-Learning-Programme laden zum eigenständigen Lernen ein, jedoch sollte anstatt der herkömmlichen CBTs oder WBTs das Blended-Learning forciert werden, da E-Learning, wie oben bereits erwähnt,

---

[10] Vgl. Dittler, 2002, S. 16.
[11] Vgl. ebenda, S. 16.

nicht als sinnvoller Ersatz aller Präsenzphasen gesehen werden kann[12].

Unter Blended-Learning versteht man, das nach didaktischen Ge-sichtspunkten zu erstellende, Arrangement von Präsenz- und E-Learningphasen, die einander unterstützen und ergänzen. Diese di-daktische Konzeption des computerunterstützten Unterrichts obliegt der Verantwortung und Kompetenz des/der Lehrenden. Damit erreicht das E-Learning den Stellenwert eines zusätzlichen Mediums bzw. einer zusätzlichen Methode für das Unterrichtsgeschehen.

Diesem Aspekt wurde bis dato zu wenig Rechnung getragen und stellt heute ein Qualitätskriterium für den Einsatz des E-Learnings im Unter-richt dar.

---

[12] Vgl. Dittler, 2002, S. 18.

2   Lerntheorien

Scheinen in unserer schnelllebigen Zeit, vor allem durch die rasante Entwicklung der technischen Möglichkeiten, Überlegungen hinsichtlich einer theoretischen Untermauerung schneller überholt als erstellt, ist es trotzdem unerlässlich, gerade neue Formen des Lehrens und Lernens einer theoretischen Reflexion zu unterziehen. So bedarf auch das E-Learning einer grundlegenden theoretischen Fundierung. Die zugrundeliegenden Lerntheorien können beim E-Learning auf drei große Hauptströmungen zurückgeführt werden: Auf den **Behaviorismus**, den **Kognitivismus** und den **Konstruktivismus**. Die Bedeutung dieser Lerntheorien sowie ihre Einflüsse und Auswirkungen, insbesondere auf E-Learningprogramme, seien im Folgenden kurz dargestellt. Dabei werden die Schwerpunkte hauptsächlich auf jene Erkenntnisbereiche gelegt, denen in Lernprogrammen Rechnung getragen werden soll. Vorweg sei festgehalten, dass alle drei für die Konzeption von Lernprogrammen bedeutend sind, allerdings in modifizierter und teilweise abgeschwächter Form.

2.1   Behavioristische Lerntheorie

Als Begründer des Behaviorismus gilt der amerikanische Psychologe John B. Watson (1878-1958), der 1913 in seiner Schrift *„Psychology as the Behaviorist Views it"* postulierte, dass ausschließlich von außen beobachtbares Verhalten zentrales Erkenntnisinteresse der Psychologie und somit auch des Lernprozesses sein dürfe.[13] Der Behaviorismus legt dem Lernen ein sehr simples und vereinfachtes Modell zugrunde,

---

[13] Vgl. Blankertz, 1991, S. 57.

indem er Lernen als einfachen Reiz-Reaktionsmechanismus beschreibt. Der Mensch wird dabei als „black box" betrachtet, die mit Reaktionen auf bestimmte Reizangebote reagiert. Kennzeichnend ist dabei, dass alle mentalen Prozesse und das Bewusstsein des Menschen ausgeklammert werden. Diese Reduktion menschlichen Verhaltens, und im Speziellen des Lernprozesses als Wechselspiel zwischen gezielten Phasen des Inputs und Überprüfung des Outputs, gilt heute als alleiniges Erklärungsmodell schlichtweg als unzulänglich. Der Behaviorismus beherrschte vor allem in den USA bis in die sechziger Jahre des zwanzigsten Jahrhunderts die Psychologie und verlor erst durch die stärkere Betonung des Kognitivismus, der wieder das Individuum in den Mittelpunkt der Betrachtungen stellte, an Bedeutung.

2.1.1   Gesetzmäßigkeiten behavioristischen Lernens

Grundlegend für diese Lerntheorie sind die Arbeiten des amerikanischen Psychologen Edward L. Thorndike (174-1949), der ausgehend von seinen experimentellen Untersuchungen der Lernmechanismen folgende Gesetzmäßigkeiten postulierte:

Zum einen das **Gesetz der Übung** (Law of Exercise), welches besagt, dass Verbindungen zwischen Reizen und Reaktionen umso gefestigter werden, je häufiger diese wiederholt werden. Drill and Practise Software bedient sich beispielsweise dieses Gesetzes.

Weiters das **Gesetz des Effekts** (Law of Effect), das sich auf das menschliche Bedürfnis nach Befriedigung bezieht. Der Mensch versucht einen befriedigenden Zustand herbeizuführen bzw. diesen aufrecht zu erhalten. Nach Thorndike erfolgt das Lernen also umso schneller, je größer das Ausmaß an Befriedigung durch den Lernvorgang ist.

Als wichtige Grundlage gilt das **Gesetz der Lernbereitschaft** (Law of Readiness), nach dem Lernen umso leichter stattfindet, je höher die Bereitschaft des Lernenden ist, sich mit den Inhalten auseinander zu setzen. Einen wesentlichen Punkt dabei stellen die bereits vorhandenen Vorkenntnisse des Lernenden und der Schwierigkeitsgrad der Inhalte dar. Entspricht eine dieser Anforderungen nicht, kann das Lernen nicht in einen befriedigenden Zustand münden.

Und letztendlich die **Gesetze höherer Ordnung**, aus denen die, für die Konzeption von E-Learningprogrammen, Wesentlichen angeführt seien.

- Nach Thorndike reagiert jeder Mensch mit einer Fülle **multipler Reaktionen** beim Lösen von Problemen. Dieses Versuchs-Irrtums-Lernen (trial and error) stellt eine nicht unbedeutende Größe bei der Konzeption von Lernprogrammen dar und sollte vor allem bei der Lernsteuerung berücksichtigt werden.

- Gleichbedeutend wichtig sind die **analogen Reaktionen**, nach denen Lernende zunächst versuchen in neuen Situationen bereits bekannte Strategien anzuwenden. Da dies umso wahrscheinlicher ist, je ähnlicher die Situation zu einer bereits erlebten ist, muss bei Lernprogrammen das Interesse auf realitätsnahe Darstellungen gerichtet werden.

- Für die Gestaltung von Lernprogrammen ist das Gesetz der **Vorherrschaft wichtiger Elemente** von Bedeutung. Danach neigen Lernende dazu, sich auf relevante Elemente zu konzentrieren und irrelevante zu ignorieren. Dieses Gesetz widerspricht der heutigen

Tendenz zur Reizüberflutung in den meisten Lernprogrammen. Der Grundsatz „weniger ist mehr" findet auch hier seine Anwendung.

2.1.2   Verstärkungslernen

Ausgehend von Watsons und Thorndikes Arbeiten begründete der amerikanische Psychologe Burrhus F. Skinner (1904-1990), dessen Name mittlerweile zum Synonym für behavioristisches Lernen wurde, in den fünfziger Jahren des zwanzigsten Jahrhunderts sein programmiertes Lernen. Dieses Modell konnte sich in der Schullandschaft zwar nicht durchsetzen, seine Grundgedanken dienen aber mehr denn je als Grundlage für computerbasierendes Lernen. Sein Verstärkungslernen, auch bekannt unter den Synonymen operante bzw. instrumentelle Konditionierung, beruht auf Thorndikes Gesetzmäßigkeiten behavioristischen Lernens. Er formulierte sieben didaktisch wichtige Aspekte, deren Implementierung auch bei E-Learningprogrammen von Bedeutung sind:[14]

- Auf jede Aktion des Lernenden muss eine entsprechende Rückmeldung erfolgen.

- Das Lerntempo muss für jeden Lernenden individuell variabel gestaltbar sein.

- Alle Lernziele müssen klar und präzise formuliert sein um gezielte Rückmeldungen zu ermöglichen.

- Die Schwierigkeit der Aufgaben ist so zu wählen, dass die Wahrscheinlichkeit der Lösbarkeit gegeben ist und dadurch Frustrationen vermieden werden (Erfolgssicherheit).

---

[14] Vgl. Holzinger, 2000b, S. 124 f.

- Der Lernstoff muss in einer genau festgelegten Abfolge von Frage- und Antwortkombinationen gebracht werden, wobei der Schwierigkeitsgrad sukzessive gesteigert werden muss.

- Die Lernenden sollen möglichst aktiv in den Lernprozess miteinbezogen werden – Interaktivität.

- Gute Leistungen sind zusätzlich zu belohnen.

Eine konkrete theoretische Grundlage erfuhr der Behaviorismus im kybernetisch-informationstheoretischen Modell der Didaktik in den siebziger Jahren des zwanzigsten Jahrhunderts.

2.1.3   Bedeutung des Behaviorismus für das E-Learning

Würde heute wohl niemand mehr den Behaviorismus als alleinige theoretische Fundierung für das E-Learning betrachten (ausgenommen natürlich reine Drill-and-Practise-Programme wie beispielsweise beim Vokabellernen), so lassen sich doch aus den oben angeführten Forderungen einige wichtige Aspekte für die Erstellung von E-Learningprogrammen ableiten. Unabhängig von der äußeren Form des E-Learnings sind drei Stufen bei der Konzeption von Bedeutung:

1. Die zielgerichtete didaktische Aufbereitung der Inhalte und Konstruktion von Lernsteuerungsmöglichkeiten.

2. Gezielte Aufgaben- und Fragestellungen, die den Lernerfolg der Lernenden sicherstellen sollen.

3. Die zielgerichtete Konstruktion von Rückmeldungen, die die Motivation der Lernenden steigern sollen.

Ullrich Dittler weist darauf hin, dass von diesen drei Stufen besonderer Wert auf die Qualität der Rückmeldungen über die Arbeitsleistungen der Lernenden zu legen ist.[15]

2.2   Die Kognitionstheorie

Die Wurzeln des Kognitivismus liegen in den zwanziger Jahren des zwanzigsten Jahrhunderts und basieren hauptsächlich auf Arbeiten von Tolman, Lewin, Bruner und Piaget. Die Unterschiede zum Behaviorismus wurden in den sechziger Jahren so bedeutend, dass man rückblickend von einer **kognitiven Wende** spricht.[16] Im Gegensatz zum Behaviorismus steht im Kognitivismus das Individuum mit seinem Denken im Mittelpunkt der Betrachtungen. Die Lernenden werden als eigenständige Persönlichkeiten anerkannt, die externe Stimuli selbstständig und aktiv internal verarbeiten.

2.2.1   Entdeckendes Lernen

Eine wichtige Grundlage für den Kognitivismus schuf Jerome Seymour Bruner in den sechziger Jahren des zwanzigsten Jahrhunderts mit der Konzeption des **entdeckenden Lernens**, welches das Problemlösen nach strukturierten Suchstrategien als zentralen Bestandteil aufwies. Bruner legte damit auch bedeutende Grundsteine für die späteren Theorien des Konstruktivismus, dem es bis heute an Trennschärfe zum Kognitivismus fehlt. Wesentlich beim entdeckenden Lernen sind folgende Aspekte:[17] Entdeckendes Lernen wird prinzipiell durch die Lernenden selbst gesteuert. Anstatt alle relevanten Informationen fertig

---

[15] Vgl. Dittler, 2002, S. 28.
[16] Vgl. Holzinger, 2000b, S. 135.

strukturiert präsentiert zu bekommen, müssen die Lernenden selbstständig Informationen entdecken, priorisieren und neu ordnen, bevor sie daraus Wissen generieren und Problemlösungen gestalten. Die Lernvorgänge werden von Neugier und Interesse der Lernenden geleitet. Sie sollen Lösungsansätze und -wege auf gestellte Probleme entwickeln, anstatt behavioristisch Fakten zu lernen.

Grundvoraussetzung beim selbstgesteuerten Lernen ist ein hohes Maß an intrinsischer Motivation. Ziel des Kognitivismus ist die Förderung des Konzeptlernens und die Ausbildung von Problemlösefähigkeit. Umgelegt auf das E-Learning bedeuten diese Erkenntnisse, dass den Lernenden abwechslungsreiche Lernumgebungen mit einer Vielzahl verschiedener Möglichkeiten angeboten werden. Entgegenkommend ist auch die Rolle des Lehrenden beim entdeckenden Lernen, dessen Hauptaufgabe ist es eine entsprechende Lernumgebung zu schaffen und die Lernenden selbstständig arbeiten zu lassen. Allerdings muss erwähnt werden, dass das entdeckende Lernen eher selbstsicheren und erfolgsgewohnten Lernenden zu gute kommt. Misserfolgsmotivierte Lernende dahingegen profitieren eher vom traditionellen, angeleiteten Unterricht.[18]

2.2.2   Kognitive Entwicklung

Weitere wichtige Erkenntnisse zum Kognitivismus lieferte der schweizer Psychologe Jean Piaget (1896-1980) mit seiner Erforschung kindlichen Lernens, indem er erkannte, dass Kinder ihr eigenes Modell der Umwelt konstruieren und konzeptionelles Wissen als Vernetzung mit

---

[17] Vgl. Holzinger, 2000b, S. 137.
[18] Vgl. Holzinger, 2000b, S. 137 f.

vorhandenen Erfahrungen aneignen. Dabei strebt der menschliche Organismus in der Wechselwirkung zweier komplementärer Anpassungsmechanismen permanent einen Gleichgewichtszustand an.[19] Die **Assimilation**, die die Umwelt so behandelt, dass sie in die eigenen Strukturen passt und die **Akkomodation**, die die eigenen kognitiven Strukturen an die Umwelt anpasst. Wobei sich diese kognitiven Strukturen verändern, indem die Welt immer differenzierter wahrgenommen und immer mehr Welt in die eigenen Strukturen integriert wird. Hatte Piaget dieses Modell hauptsächlich in Bezug auf die kindliche Entwicklung konzipiert, so dient es heute unter dem Synonym dialektisches Denken auch im Erwachsenenalter.

2.2.3   Bedeutung des Kognitivismus für das E-Learning

Ausgehend von diesen Erkenntnissen versteht die kognitivistische Lerntheorie Lernen als Wechselwirkung eines externen Informationsangebotes mit einer bereits vorhandenen Wissensstruktur. Die Erkenntnisse für E-Learningprogramme liegen hier in folgenden Aspekten:

- Das Beurteilungskriterium ist nicht eine Einzelleistung (Faktenwissen) wie im Behaviorismus, sondern umfassende Problemlösungsfähigkeit.

- Die Lernziele sind nicht auf die Reproduzierbarkeit korrekter Input-Output-Relationen gerichtet, sondern auf das Entdecken von Lösungsstrategien.

- Die Rolle des Lernprogrammautors und -betreuers bewegt sich weg vom strikten Experten, hin zum aktiven Helfer und Lernbegleiter.

---

[19] Vgl. Holzinger, 2000b, S. 142 ff.

- Verschiebung der Schwerpunktsetzung von der Lernerfolgskontrolle zur qualitativ verbesserten Darbietung der Inhalte.

Wurde im Behaviorismus also noch das Erkennen der richtigen Lösung als Lernerfolg gewertet, steht im Kognitivismus der Prozess des Denkens im Mittelpunkt. Also nicht das Abrufen einfacher Reiz-Reaktions-Schemen, sondern Erkenntnisprozesse, die zu einer kreativen Problemlösung führen, bilden die Grundlage des Lernens. Ullrich Dittler weist auf eine deutlich erkennbare Verschiebung des Schwerpunktes vom Primat der Erfolgskontrolle des Behaviorismus hin zur qualitativen Informationsdarbietung (Kognitivismus). Die Darstellung der Inhalte sollen in einem logisch erkennbaren Zusammenhang erfolgen, der es den Lernenden ermöglicht Kompetenzen zur Problemlösung aufzubauen. Zentrales Element ist also nicht mehr die Lösungsorientierung sondern vielmehr der Aufbau von Verständnis und Problemlösekompetenz.[20]

2.3   Der Konstruktivismus

Gehen sowohl der Behaviorismus als auch der Kognitivismus davon aus, dass es eine objektive Vorstellung der einzigen, wahren und erkennbaren Wirklichkeit gibt (Objektivismus), grenzt sich der Konstruktivismus dadurch ab, dass Wissen durch interne subjektive Konstruktion entsteht (Subjektivismus). Das bedeutet, dass Sinneswahrnehmungen keine objektiven Abbilder der Wirklichkeit sind, sondern das Ergebnis kognitiver Prozesse im Gehirn. Horst Siebert formuliert in diesem Zusammenhang treffend: *„Wir entdecken unsere Wirklichkeit nicht sondern erfinden sie - selektive Wahrnehmungen sind der Nor-*

---

[20] Vgl. Dittler, 2002, S. 28.

malfall!"[21] Das Vorwissen der Lernenden ist dabei von entscheidender Bedeutung, denn Wissen wird immer nur in Bezug darauf konstruiert.[22] Lernen bedeutet also aktive Wissenskonstruktion in Verbindung mit bereits bestehendem Vorwissen und wird dadurch individuell, da der jeweilige Lernweg nicht vorhersehbar ist. Wahrnehmen, Handeln und Erfahren muss in möglichst realen Problemsituationen stattfinden. Bedeutende Vertreter des Konstruktivismus sind Paul Watzlawick und Heinz von Förster sowie Ernst von Glasersfeld, die seit den siebziger Jahren des zwanzigsten Jahrhunderts an der Weiterentwicklung des Konstruktivismus arbeiteten.

2.3.1   Bedeutung des Konstruktivismus für das E-Learning

Der Konstruktivismus geht also davon aus, dass Wissen durch interne subjektive Konstruktion entsteht und Wissen nur auf Basis eines vorhandenen Vorwissens vom Individuum selbst konstruiert wird. Für die Erstellung von Lernprogrammen sind dabei folgende Aspekte von Bedeutung:

- Aus konstruktivistischer Sicht muss Lernen in authentischen Situationen stattfinden.

- Die Informationen dürfen nicht mehr wie im Behaviorismus in kleine Portionen aufgeteilt werden, sondern müssen anhand realistischer Probleme in komplexe ganzheitliche Zusammenhänge gebracht werden.

---

[21] Vgl. Siebert, 2000, S. 18.
[22] Vgl. Holzinger, 2000b, S. 146 f.

- Die Aufgabe des Lernprogrammerstellers und –betreuers wandelt sich hin zur Rolle des Lernbetreuers, der individuelle Lernprozesse anregt und unterstützt, aber nicht wirklich steuert.

Während einige der oben genannten Punkte mit dem Kognitivismus vereinbar sind, steht der Konstruktivismus der Instruktion eher skeptisch gegenüber. Nach dem konstruktivistischen Paradigma kann niemand instruiert werden, da die Lernprozesse individuell und unvorhersagbar sind. Die Vertreter dieser Richtung stehen daher dem Computereinsatz, als Mittel zur Steuerung von Lernprozessen, eher kritisch gegenüber und sehen ihn vor allem als Werkzeug und Anregung zum Wissenserwerb. Dazu kommt, dass der Entwicklungsaufwand eines rein konstruktivistischen E-Learningprogramms immens hoch wäre und wahrscheinlich nicht nur den finanziellen Rahmen, sondern auch den didaktischen Rahmen sprengen würde.

Allerdings können die Erkenntnisse der konstruktivistischen Theorie in die Konzeption von E-Learningprogrammen miteinbezogen werden. Hier soll besonders auf Berücksichtigung individueller Unterschiede der Lernenden, die Vermittlung komplexer Fähigkeiten wie beispielsweise Problemlösekompetenzen, vernetztes ganzheitliches Denken, Eigeninitiative und Selbstständigkeit verwiesen werden. Das Hauptziel des konstruktivistischen Lernens, Kompetenzen zu erreichen, muss bei der Konzeption von E-Learningprogrammen mitgedacht werden.[23]

---

[23] Vgl. Holzinger, 2000b, S. 162 f.

3   Beschreibung des Forschungsprojektes

Im Zeitraum März 2002 bis September 2003 wurde an der Berufspädagogischen Akademie des Bundes in Graz das Forschungsprojekt *„Erstellung und Evaluation eines E-Learningkonzeptes"* durchgeführt. Ausgangslage für dieses Projekt war der Umstand, dass die Studierenden der beiden Studiengänge „Berufsschulen" und „Technisch-gewerblicher Fachunterricht" den ersten Studienabschnitt (vier Semester) ihres Studiums berufsbegleitend und nur den zweiten Studienabschnitt (zwei Semester) vollinstitutionell absolvieren. Um nun diesen beiden Abteilungen spezifische Inhalte aus den Humanwissenschaften bereits in einer früheren Phase ihres Studiums anbieten zu können wurde das Fernstudium "Einführung in die Humanwissenschaften" im Wintersemester 2000 konzipiert.

Zu Beginn bestand die Basis des Fernstudiums aus einem Skriptum und Übungsaufgaben, die über ein einfaches Forum von der Homepage der BPA Graz "downloadbar" waren. Diese Übungsaufgaben konnten parallel zum Skriptum von den Studierenden bearbeitet und über E-Mail an den Fernstudienbetreuer zur Korrektur retourniert werden. Dieser wiederum schickte die korrigierten Arbeiten an die Studierenden per E-Mail zurück. Des weiteren musste pro Semester ein Exzerpt des Inhaltes mit den prägnanten Aussagen an den Fernstudienbetreuer gesendet werden. Am Ende des vierten bzw. zu Beginn des fünften Semesters fanden die Kolloquien zum Fernstudium statt.

Der Arbeits- und Betreuungsaufwand erwies sich für alle Beteiligten als unverhältnismäßig groß, so dass die Umstellung auf ein E-Learningkonzept sinnvoll erschien. Aus diesem Grund wurden im Rahmen des Forschungsprojektes ab dem Wintersemester 2002/03 die Inhalte in Form eines elektronischen Skriptums (E-Book) unterstützt durch Übungsaufgaben, die direkt auf der Lernplattform bearbeitbar sind, erstellt.

Die Vorteile lagen dabei einerseits darin, dass die Übungsaufgaben auf dieser Lernplattform automatisch korrigiert wurden und eine unverzügliche Rückmeldung an die Studierenden möglich war und andererseits, dass sich dadurch der Korrekturaufwand für den Betreuer auf ein Normalmaß reduzierte.

Nachdem es sich zu diesem Zeitpunkt beim E-Learning um eine, auf breiter Basis diskutierte, aber doch sehr neue und unerforschte Form des Lehrens und Lernens handelte, ergab sich hier ein erheblicher Forschungsbedarf hinsichtlich Entwicklungsrichtlinien, Durchführung, Betreuung und Gestaltung dieser Lernform. Von besonderem Interesse waren dabei folgende exemplarisch angeführten Forschungsfragen:

„Wie ist die Lernoberfläche zu gestalten?"

„Welche Anforderungen sind an die Bedienbarkeit der Lernoberfläche (Navigation) zu stellen?"

„Welche didaktischen Richtlinien für die Inhaltsaufbereitung müssen eingehalten werden?"

„Welche Richtlinien gelten bei der Konstruktion der Übungsaufgaben?"

„*Welche Modelle des E-Learnings (Mischung E-Learningphasen und Präsenzphasen) erweist sich als sinnvoll?*"

„*Welche Möglichkeiten der E-Learningbetreuung erweisen sich als sinnvoll?*"

„*Wie sieht es mit der Effizienz des E-Learnings aus?*"

„*Wird das E-Learning von den Studierenden überhaupt akzeptiert?*"

„*Wird E-Learning unter den gegebenen Rahmenbedingungen von den Studierenden als sinnvoll befunden?*"

uam

3.1   Die Forschungsplanung

Die Entwicklung und Evaluierung dieses Forschungsvorhabens erstreckte sich über einen Zeitraum von drei Semestern und gliederte sich in folgende Phasen:

Phase 1 (Sommersemester 2002): Hier musste die Entscheidung für eine spezielle Lernplattform getroffen werden. Von der doch sehr beträchtlichen Anzahl der am Markt erhältlichen Lernplattformen kamen sechs in die engere Auswahl, aus denen mittels eines Kriterienkataloges die Entscheidung für eine passende Plattform getroffen wurde.

Die Kriterien der Eignung bezogen sich dabei in erster Linie auf die übersichtliche, leichte Bedienbarkeit durch die Studierenden, die komfortable Generierung von Inhalten und Übungsaufgaben durch die E-Learning-Autoren, die Möglichkeiten der Kommunikation mit den am E-Learning Beteiligten (E-Mail, Chatrom, etc.) und die bedienerfreundliche Administration der Plattform (automatische Korrektur der Übungen, Abruf von Statistiken, etc.).

Der erste Teil der bestehenden Inhalte des Fernstudiums, der zum damaligen Zeitpunkt nur als Printmedium angeboten wurde, musste nach entsprechenden didaktischen Richtlinien aufbereitet und für das Wintersemester 2002/03 in die Lernplattform als elektronisches Skriptum (E-Book) eingebunden sowie entsprechende Übungsaufgaben generiert werden. Einen weiteren wichtigen Aspekt stellte dabei die grafisch/multimediale Aufbereitung der Inhalte dar.

Um den reibungslosen Ablauf des E-Learningprogramms zu gewährleisten wurde eine Präsenzphase konzipiert, in der die Studierenden mit der Bedienung der Plattform und den bestehenden Kommunikationsmöglichkeiten vertraut gemacht wurden. Zur Betreuung der Studierenden wurde eine Telelernbetreuung konzipiert, die zu gewissen Zeiten von den Studierenden kontaktiert werden konnte (E-Mail, Chatroom, etc.).

Damit sollte einerseits eine größtmögliche Betreuung der Studierenden, aber auch die Basis für die Zwischenevaluation am Ende des Wintersemesters 2002/03 sichergestellt werden. Bis Beginn des Wintersemesters 2002/03 wurde das Evaluationskonzept erstellt.

Phase 2 (Wintersemester 2002/03): In dieser Phase wurde der erste Teil des E-Learningprogramms durchgeführt. Nach der oben erwähnten Einschulung in die Lernplattform in der Präsenzphase startete das Fernstudium mit Telelernbetreuung sowie die begleitende Evaluation. Gleichzeitig begann die Aufbereitung und Einbindung des zweiten Teiles des Fernstudiums für das Sommersemester 2003 in die Lernplattform. Am Ende des Wintersemesters 2002/03 erfolgte eine Zwischenevaluation der bisherigen Aktivitäten mittels quantitativer Fragebögen und qualitativer Interviews. Letztendlich wurde auch der zweite Teil des Fernstudiums einer Revision unterzogen.

Phase 3 (Sommersemester 2003): Am Beginn des Sommersemesters 2003 erfolgte unter Bezugnahme auf die Evaluationsergebnisse eine Revision des ersten Teiles aus dem Wintersemester. Gleichzeitig startete der zweite Teil des Fernstudiums mit der begleitenden Evaluation. Am Ende des Wintersemesters dieser Phase erfolgte eine Abschlussevaluation des gesamten E-Learningprogramms wiederum mittels quantitativer Fragebögen und qualitativer Interviews.

Stichprobe: Als Zielgruppe und Stichprobe dieses Forschungs-vorhabens dienten die Studierenden an der Berufspädagogi-schen Akademie des Bundes in Graz. Die Untersuchung wurde in Form einer Vollerhebung an alle Studierenden des Studien-jahres 2002/2003, die am E-Learning beteiligt waren, durchge-führt. Als Kontrollgruppe fungierten die Studierenden der Abtei-lungen Informationspädagogik und Ernährungspädagogik, die dieselben Inhalte in Präsenzphasen dargeboten bekamen.

3.2   Forschungsarbeiten

Die Forschungsarbeiten lassen sich prinzipiell in drei größere Bereiche unterteilen:

Zum einen die Erstellung des E-Learningkonzeptes, im Speziel-len die Schaffung der technischen Rahmenbedingungen (Platt-form, Logistik, Administration, Betreuung und Wartung des E-Learningpaketes), die Aufbereitung der Inhalte und Übungsauf-gaben, die Entwicklung eines sinnvollen Einsatzmodells (Mi-schung der Präsenz- und E-Learningphasen) und die Konzeption der E-Learningbetreuung.

Zum Zweiten die Konzeption und Durchführung entsprechender Autoren- und Tutorenschulungen, um eine Breitenwirkung hin-sichtlich weiterer E-Learningpakete innerhalb der BPA Graz zu erreichen.

Letztendlich die Konzeption eines Evaluationskonzeptes, das nicht nur die Qualität des E-Learningkonzeptes, sondern auch die Akzeptanz durch die Studierenden sowie die Effizienz erfassen sollte.

3.2.1   Erstellung eines E-Learningkonzeptes

Von der Vielzahl an Möglichkeiten des E-Learnings fiel die Entscheidung als Forschungsprojekt ein kompaktes System zusammengefasster Inhalte in Form eines E-Books, unterstützt durch entsprechende Übungsaufgaben, zu erstellen.

Da E-Learning zu einem Großteil als Lernen auf isolierter Basis abläuft, wurde besonderer Wert auf die Qualität der Lerninhalte und Übungsaufgaben gelegt. Dies bedingte nun eine fundierte didaktische Aufbereitung der Inhalte, die Konzeption sinnvoller Übungs- und Anwendungsmodule sowie die motivierende Form der Rückmeldungen und letztendlich eine aktivierende Interaktion der Lernenden mit dem E-Learningpaket.

Weil bei einem E-Book konstruktivistisches Lernen nur schwer umsetzbar ist, wurde auf eine Mischform zwischen behavioristischen und kognitivistischen Lernstrategien zurückgegriffen. Dies bedeutet, dass den Lernenden neben den typischen Inhalts- und Evaluationsphasen vor allem problemlösungsfördernde Aufgabenstellungen dargeboten wurden.

Rückblickend kann festgehalten werden, dass diese Phase ca. zwei Drittel des Gesamtarbeitsaufwandes der Programmerstellung in Anspruch nahm.

3.2.2   Die Entscheidung für eine Lernplattform

Von den weit über hundert am Markt erhältlichen Lernplattformen konnten einige wenige herausgefiltert werden, die in die engere Auswahl kamen. Hierbei boten die beiden Bücher „E-Learning Praxishandbuch – Auswahl von Lernplattformen" von Peter Baumgartner und „Lernplattformen für E-Learningprozesse beruflicher Weiterbildung" von Joachim von Kiedrowski wertvolle Hilfestellung (siehe Bewertungsbogen auf der nächsten Seite).

Die Entscheidungskriterien waren: Leichte Bedien- und Navigierbarkeit durch die Lernenden; einfache Erstellungsmöglichkeiten von Inhalten und Übungsaufgaben; gute Reportingmöglichkeiten; inkludierte E-Mailfunktion, Foren, Chatroom, etc. und natürlich der Kostenfaktor.

Um nun aus den sich in der engeren Auswahl befindlichen Lernplattformen die Geeignetste zu ermitteln, wurde ein Kriterienkatalog (siehe Abbildung) erstellt, der von den Plattformtestern als Bewertungsgrundlage diente. Auf Grundlage dieses Kriterienkataloges fiel die Entscheidung für die deutsche Plattform Schenck, die von der österreichischen Firma Spinning-Creations angeboten wurde.

Plattformbewertung	Plattform 1	Plattform 2	Plattform 3	Plattform 4	Plattform 5
Kriterien aus erstellungstechnischer Sicht (Autor)	*Schulnoten (1-5)*				
Inhalte erstellen					
Bestehende Inhalte einbinden (WORD, HTML, etc.)					
Bilder einbinden					
Animationen einbinden					
Videos einbinden					
Übungsaufgaben/Fragen					
Templates (Vorlagen) Inhalte					
Templates (Vorlagen) Fragen					
Einbeziehung von Fremdprodukten (Authorware, etc.)					
Kriterien aus benutzertechnischer Sicht (User)	*Schulnoten (1-5)*				
Einstieg					
Navigation					
Bookmarks					
Glossar/FAQ					
Suchfunktion					
Kommunikation mit dem Betreuer					
Bildung von Lerngruppen (E-Mail, etc.)					
Kriterien aus betreuungstechnischer Sicht (Trainer)	*Schulnoten (1-5)*				
Reporting					
Userverwaltung (Anlegen, etc.)					
Aktualisierungsmöglichkeit der Inhalte durch den Autor					
Kommunikation mit den Lernenden					
Einbindung zusätzlicher Dokumente					
Kriterien aus administrativer Sicht (Systembetreuer)	*Schulnoten (1-5)*				
Anzahl der User bzw. Erweiterbarkeit					
Ressourcenbedarf					
Datensicherheit					
Betreuung durch Plattformhersteller - Support					
Kriterien aus kostentechnischer Sicht	*Schulnoten (1-5)*				
Kosten der Plattform					
Betrieblicher Background des Plattformanbieters					

Abbildung 1: Kriterienkatalog für Lernplattformen

3.2.3   Erstellung des E-Books und der Übungsaufgaben

Für die Erstellung des E-Books wurde auf das bestehende Skriptum „Einführung in die Humanwissenschaften Teil I und Teil II" zurückgegriffen. Dabei mussten in Anlehnung an Egon Dick „Multimediale Lernprogramme und telematische Lernarrangements – Einführung in die didaktische Gestaltung" und Ullrich Dittler „E-Learning – Erfolgsfaktoren und Einsatzkonzepte mit interaktiven Medien" in einem ersten Durchlauf die Inhalte auf Lernbarkeit, Lückenlosigkeit und etwaige Verständnisschwierigkeiten untersucht werden. Die Ergebnisse führten dazu, dass die Inhalte teilweise erweitert bzw. mit Glossarinformationen ergänzt wurden. Ein weiterer Durchlauf hatte zum Ziel die Formulierungen zu „entschärfen" und die Inhalte in lernbare Abschnitte zu unterteilen. Weiters wurden für jedes Modul entsprechende Übungsaufgaben konzipiert. Letztendlich wurden die Inhalte nach Visualisierungsbedarf untersucht und durch entsprechendes Anschauungsmaterial (Grafiken, Tabellen, Diagramme, etc.) unterstützt. Nach mehrmaligem Durcharbeiten durch die Projektmitarbeiter wurde das E-Book an einer Probandengruppe erprobt. Die Ergebnisse dieses Probelaufs wurden in der Endversion des E-Books mitberücksichtigt.

3.2.4   Konzeption der E-Learningbetreuung

Für die Betreuung der Lernenden in den E-Learningphasen wurde auf einen E-Mail-Kontakt und ein Forum zurückgegriffen. Beide Funktionen wurden von der Lernplattform unterstützt und waren administrativ leicht zu bewerkstelligen.

43

Interessant in diesem Zusammenhang waren vor allem folgende Erkenntnisse: Einerseits, dass E-Learning verstärkter **Kontrolle** bedarf! Neben der inhaltlichen und technischen Unterstützung der Lernenden ist vor allem auf das Setzen und Einhalten von Terminen und Fristen Wert zu legen.

So kam es gerade in der Anfangsphase häufig dazu, dass die Lernenden erst unmittelbar vor der Präsenzphase in die Lernplattform einstiegen und sich damit mit einem kaum bewältigbaren Arbeitsaufwand konfrontiert sahen. Erst durch die gezielte und terminliche Vergabe von Arbeitsaufträgen und Zwischenevaluationen machte sich eine gewisse E-Learningdisziplin bemerkbar. Weiters war die Bildung von **E-Mailgruppen** sehr förderlich! Sehr viele der Anfragen, die gerade am Beginn des E-Learnings von den Lernenden gestellt wurden, betrafen Inhalte, die sich am Besten im Team lösen lassen. So wurde versucht die Lernenden in E-Mailgruppen zusammenzufassen und ihnen spezifische Arbeitsaufträge per E-Mail zu zusenden. In jeder E-Mailgruppe wurde ein Gruppensprecher nominiert, der für den Kontakt innerhalb der Gruppe, aber auch den Kontakt zum Betreuer verantwortlich war. So konnte der Aspekt des isolierten Lernens ein wenig aufgeweicht werden.

3.2.5   Konzeption einer Autoren- und Tutorenschulung

Um eine entsprechende Breitenwirkung hinsichtlich der E-Learningangebote innerhalb der BPA Graz zu erreichen, wurde eine Autoren- und Tutorenschulung für E-Learninganbieter konzipiert. Diese Schulung erstreckt sich auf zwei Teile mit je zwei Unterrichtseinheiten. Der erste Teil betraf das Handling der Lernplattform, insbesondere der Tools der Inhaltserstellung, der Aufgabenerstellung und des Reportings der Übungsaufgaben. Nach einer entsprechenden Übungsphase erhielten die Autor/innen eine Einführung in die grafische und didaktische Aufbereitung von Inhalten und Übungsaufgaben.

3.2.6   Erstellung des Evaluationskonzeptes

Die Evaluation hatte zum Ziel, einerseits die Qualität des E-Learningprogramms (Inhalt, Übungsaufgaben, Betreuung, etc.) und andererseits die Akzeptanz durch die Studierenden, die Effizienz und die Sinnhaftigkeit des E-Learnings zu erheben. Dabei erschien hinsichtlich oben genannter Qualitätskriterien ein quantitativer Fragebogen und bezüglich der Akzeptanz und Sinnhaftigkeit eine qualitative „face to face" Befragung sinnvoll. Der Aspekt der Effizienz wurde mittels Testvergleich, bei dem die Leistungen der Studierenden, die am E-Learning teilgenommen hatten, mit den einer Kontrollgruppe verglichen. Der Fragebogen, der Interviewleitfaden und der Test wurden an einer Probandengruppe einem Pretest unterzogen, modifiziert und letztendlich in die Schlussfassung gebracht.

3.3   Das Forschungsdesign

Um einen möglichst breiten Zugang zu den Fragestellungen zu bekommen, wurden die Forschungsfragen mittels quantitativer Fragebögen, qualitativer Interviews und eines Paralleltests erhoben. So waren die Qualität der Lernplattform, der Inhalte und der Übungsaufgaben sowie der Betreuung zentraler Bestandteil des Fragebogens, wohingegen die Sinnhaftigkeit durch die Interviews abgedeckt wurde. Die Akzeptanz des E-Learnings durch die Studierenden wurde aus Kontrollgründen in beiden Befragungen erhoben. Zur Beantwortung der Frage nach der Effizienz wurde ein Paralleltest entwickelt, der den Vergleich mit einer Kontrollgruppe ermöglichen sollte.

3.3.1   Die Fragebogenuntersuchung

Um möglichst repräsentative Aussagen zu gewährleisten, wurde für diesen Teil der Unersuchung ein Fragebogen entwickelt, der sowohl aus offenen Fragen als auch aus geschlossenen Fragen bestand. Der Fragebogen gliederte sich in folgende Dimensionen: Akzeptanz des E-Learnings sowie die Qualität der Lernplattform, der Inhalte, der Übungsaufgaben und der Betreuung.

Forschung

3.3.2   Die qualitative Untersuchung

Um die Akzeptanz und Effizienz des E-Learnings zu erheben, wurde ein qualitatives Interview konzipiert. Dazu wurde ein Interviewleitfaden entwickelt, der die Dimensionen Akzeptanz, Effizienz und Sinnhaftigkeit des E-Learnings an der BPA Graz enthielt. Es wurden nach dem Zufallsprinzip 12 Studierende ausgewählt und in einem ca. 20 Minuten dauerndem Interview befragt.

3.3.3   Der Testvergleich

Um die Effizienz des E-Learnings im Vergleich zu einem Präsenzunterricht zu untersuchen, wurden die Lernergebnisse der einen Gruppe, die am E-Learning beteiligt wurde, mit den Lernergebnissen einer Kontrollgruppe (Studierende der Abteilungen Ernährungspädagogik und Informationspädagogik), die dieselben Inhalte in Präsenzveranstaltungen dargeboten bekamen, miteinander verglichen. Dazu wurde ein Test erstellt, der den Studierenden vorgelegt wurde und innerhalb von 30 Minuten auszufüllen war. Die Fragen betrafen sowohl Wissens- als auch Verständnisbereiche.

Teil 2: Erstellung von E-Learningprogrammen

Der zweite Teil dieses Buches beschäftigt sich mit der Konzeption, Gestaltung, Betreuung und Evaluation von E-Learningprogrammen. Ein weiterer Schwerpunkt - die spezifische Entwicklung von Modellen - in denen E-Learning sinnvoll und zielgerichtet implementiert werden kann, wird im dritten Teil des Buches behandelt.

Bei der Konzeption wird vor allem auf die, einer E-Learningskonzeption vorangehenden Planungs- und Konzeptionsarbeiten sowie auf die Schaffung der erforderlichen Rahmenbedingungen von der Plattform hin bis zu den notwendigen Autorenschulungen, eingegangen.

Im Kapitel Gestaltung von E-Learningprogrammen wird aufbauend auf gestaltungs- und lernpsychologische Erkenntnisse versucht, Kriterien für die Inhaltsaufbereitung und für eine ansprechende Gestaltung der Bildschirmseiten unter Nutzung von Grafiken, Animationen, Interaktionen, etc., aufzuzeigen.

Einen weiteren Schwerpunkt stellt sowohl die synchrone als auch asynchrone Betreuung von E-Learningprogrammen (E-Mail, Foren, News, etc.) dar. Dies geschieht natürlich im Hinblick der technischen Rahmenbedingungen und der letztendlichen Machbarkeit.

Die Evaluation als Grundlage jedes E-Learningvorhabens bildet das nächste Kapitel dieses Buches. Hier geht es einerseits um die begleitende Evaluation während der Konzeption und andererseits natürlich vor allem auch um die Evaluation des Endproduktes.

1   Ergebnisse des Forschungsprojektes

Am Beginn dieses Kapitels seien die Forschungsergebnisse, die die Konzeption, Gestaltung, Betreuung und Evaluierung von E-Learningprogrammen betreffen, sozusagen als Grundlage für die nachfolgenden Aspekte, dargestellt.

Dazu wurde eine Fragebogenuntersuchung in Form einer Vollerhebung an allen Studierenden des Studienjahres 2002/2003, die am E-Learning beteiligt waren, durchgeführt. Der Fragebogen wurde den Probanden nach einer Vorinformation mittels E-Mail auf elektronischer Basis dargeboten. Von 84 in Frage kommenden Studierenden beteiligten sich 71 an der Untersuchung. Die Auswertung der Fragen erfolgte mit der Hilfe einer Online-Datenbank und zur weiteren Verarbeitung in das Programm SPSS 10.0 importiert wurde. Die Fragebogenuntersuchung brachte folgende Ergebnisse zu Tage:

Demographische Daten

Von den Befragten waren 46 männlich und 25 weiblich, dies entspricht was einer Prozentverteilung von 64,8 zu 35,2. Die Altersverteilung zeigte, dass das Alter der Studierenden großteils zwischen 20 und 40 Jahren lag. So waren in der Altersgruppe von 21 bis 30 Jahren 33,8 %, von 31 bis 40 Jahren 49,3 % und von 41 bis 50 Jahren 11,3 %. Über 50 Jahren waren 5,6 % der Befragten.

49

Die Herkunft der Studierenden nach Bundesländern belegt, dass 60,6 % der Befragten aus der Steiermark kamen, 25,4 % aus Kärnten, 5,6 % aus Salzburg, 1,4 Prozent aus Wien, 4,2 % aus Oberösterreich und 2,8 % aus dem Burgenland. Interessant war auch die Frage nach den Computervorkenntnissen. So stuften sich 70 % der Befragten als sehr gut bis gut und etwa 30 % als genügend ein.

Dimension 1: Zur Akzeptanz des E-Learnings

So ergab der Fragenkomplex, hinsichtlich der Akzeptanz des E-Learnings, dass dies in hohem Maße (über 80 %) gegeben ist. Allerdings belegte eine Frage unter welchen Umständen dies der Fall sei, dass diese Akzeptanz mit einer gewissen Sinnhaftigkeit einhergehe. Diese wurde vorwiegend mit Flexibilität – in erster Linie der zeitlichen und örtlichen Unabhängigkeit - gefolgt von den Kostenersparnissen angeführt.

Ein weiterer interessanter Zusammenhang war der, dass die Akzeptanz, die zwar generell gegeben war, umso größer war, je weiter die Studierenden vom Studienort entfernt wohnten. Diese Ergebnisse deckten sich auch mit den Ergebnissen der qualitativen Interviews. Das vorige Ergebnis wird auch durch die Fragestellung, ob Lerninhalte großteils nur mehr „Online" zur Verfügung gestellt werden sollen, unterstützt. Dies wurde von den Probanden zu 85 % abgelehnt.

Forschung

Ein interessantes Ergebnis brachte die Frage, ob sich die Studierenden die Inhalte ausgedruckt, oder vom Bildschirm gelernt hätten. Die Auswertung belegt, dass sich über 70 % der Probanden die Bildschirmseiten ausgedruckt haben und nicht vom Bildschirm lernte! Dieses Ergebnis könnte darauf hindeuten, dass das Lernen vom Bildschirm keine Akzeptanz gefunden hatte. Wohingegen die Bearbeitung der Übungsaufgaben auf dem Bildschirm von der Mehrheit der Befragten als sehr sinnvoll und unterstützend für den Lernfortschritt empfunden wurde.

Die Frage, ob die Aufteilung der Präsenz- und E-Learningphasen entsprechend gewesen sei, wurde wiederum von einem Großteil der Befragten positiv beantwortet, was den Schluss zulässt, dass eine Dreiteilung von Anwesenheit, betreutem E-Learning und isoliertem E-Learning den Anforderungen gerecht wird. Die Befürchtung, dass der/die Lehrer/in durch das E-Learning aus dem Unterricht verdrängt werden würde, wurde von 95 % der Befragten verneint. Dieses Ergebnis belegt, dass bereits eine nüchterne Betrachtungsweise des E-Learnings vorherrscht.

Von Interesse ist auch die Frage, ob die Befragten bereits mit Lernsoftware in ihrem eigenen Unterricht Erfahrungen gesammelt hätten. Hier beantwortete rund ein Drittel die Frage mit Ja, was zum damaligen Stand ein durchaus stattliches Ergebnis darstellt.

Zusammenfassend kann festgehalten werden, dass trotz einiger Skepsis die grundsätzliche Akzeptanz hinsichtlich des E-Learnings durchaus gegeben ist. Ein wesentlicher Faktor ist dabei die Sinnhaftigkeit, die zeitliche und örtliche Unabhängigkeit der Lernenden, aber auch das Einsparungspotenzial hinsichtlich der Reiskosten und Freizeit. Allerdings sind wir noch weit davon entfernt, Lerninhalte ausschließlich von einem Bildschirm zu lernen und auf Präsenzphasen zu verzichten.

Dimension 2: Qualität der Lernplattform

Die Befragung zur Lernplattform war sehr aufschlussreich und attestierte dem Plattformbetreiber eine durchaus hohe Qualität. So waren die Probanden der Ansicht, dass der Einstieg in die Lernplattform keine Probleme bereitete (90 %), dass die Bedienbarkeit der Plattform während des Lernvorganges einfach war (98 %) und die Navigationsmöglichkeiten in der Lernplattform den Anforderungen entspräche (95 %).

Dimension 3: Qualität der Inhalte

Der Qualität der Inhalte wurde in dieser Befragung ein gutes bis sehr gutes Zeugnis ausgestellt. So attestierten die Befragten, dass einerseits durchaus interessante und neue Inhalte angeboten wurden (über 70 %), die andererseits auch sehr gut aufbereitet waren (knapp 90 %). Hier wurden speziell die Verständlichkeit und die klare Struktur genannt. Dieses Ergebnis belegt, dass in diesem Bereich hohe Anforderungen bestehen, die von den Autor/innen von E-Learningprogrammen zu erfüllen sind.

Dimension 4: Qualität der Übungsaufgaben

Den Übungsaufgaben wurde von den Befragten eine sehr hohe Bedeutung beigemessen. 88 % der Befragten waren der Ansicht, dass diese für das Verständnis der Inhalte sehr wichtig seien.

Die Qualität des untersuchten Fernstudiums hinsichtlich der Übungsaufgaben wurde von über 80 % der Befragten Personen mit gut bzw. sehr gut beurteilt.

Die Frage, ob das E-Learning das selbstverantwortliche Lernen gefördert hätte, wurde von fast 75 % der Befragten positiv beantwortet.

Dimension 5: Qualität der Betreuung

Auch hinsichtlich der Betreuung des E-Learnings befanden die Befragten, dass diese von großer Bedeutung für das Gelingen von E-Learningvorhaben sei. Allerdings wurde die asynchrone Betreuung per E-Mail insofern kritisiert, dass es hierbei zu starken zeitlichen Verzögerungen käme. Der Wunsch nach einem Chatroom, der zu bestimmten Zeiten zu kontaktieren sei, war erkenntlich. Zusammenfassend kann aber die Qualität der Betreuung durchaus als Gütekriterium für die Durchführung von E-Learningprogrammen betrachtet werden.

2   Konzeption von E-Learningprogrammen

Dieses Kapitel beschäftigt sich in erster Linie mit der Konzeption von E-Learning-Vorhaben. Nicht nur die Aufbereitung von Inhalten und Bildschirmseiten, sondern vor allem auch die Modellerstellung und die Art der Betreuung stehen dabei im Mittelpunkt.

2.1   Sichtung und Ergänzung von vorhandenen Materialien

Einfach bestehende Skripten und Arbeitsunterlagen in eine Lernplattform zu übertragen, hat sich meist als nicht sinnvoll erwiesen. Bei der Konzeption von E-Learningprogrammen muss bedacht werden, dass diese Inhalte nach didaktischen Kriterien, die den Anforderungen des Selbstlernens entsprechen, aufbereitet und ergänzt werden müssen. Die Inhalte müssen für CBTs oder WBTs meist neu konzipiert und multimedial aufbereitet werden[24]. Dazu ist in einem ersten Schritt notwendig, die Inhalte einer didaktischen Analyse zu unterziehen. Diese gliedert sich einerseits in eine didaktische Reduktion und andererseits in eine didaktische Transformation.

2.1.1   Didaktische Reduktion[25]

Didaktische Reduktion bedeutet die komplexe Wirklichkeit nicht in ihrer Ganzheitlichkeit darzustellen, da sie nicht in all ihren Erscheinungsformen erfasst werden kann. Sie bedeutet weiters, dass die Inhalte aufgrund der verschiedenen Lernendengruppen unterschiedlich

---

[24] Vgl. Magnus, 2001, S. 186f.
[25] Vgl. http://www.wipaed.wiso.uni-goettingen.de/~ppreiss/didaktik/legred96b.html#1, [04.01.2005].

reduziert werden müssen. Als Ziele werden die Überschaubarkeit und die Verständlichkeit der Inhalte gesehen, wobei die didaktische Reduktion der Übergang von einer differenzierten zu einer allgemeinen Aussage ist.

Es wird zwischen zwei Betrachtungsweisen, dem qualitativen und dem quantitativen Aspekt, unterschieden.

Bei dem qualitativen Aspekt wird auf die didaktische Vereinfachung und auch auf die wesentlichen Elemente des Inhaltes geachtet. Dabei treten allerdings Probleme auf, denn einerseits muss darauf geachtet werden, dass die Vereinfachung noch wissenschaftlich zulässig ist und andererseits muss entschieden werden, was „wesentlich" ist. Wichtig ist weiters, dass sich der Inhalt am Lernenden orientiert und exakt definiert ist. Die Aussage des Inhaltes muss in seiner Gültigkeit gleich bleiben, bei der didaktischen Reduktion findet lediglich eine „Kürzung" des Inhaltes statt.

Bei der qualitativen Reduktion erfolgt eine gezielte Auswahl von Einzelgegenständen, wobei der Gültigkeitsumfang nicht erhalten bleibt. Beispiele für die Auswahl der Inhalte wären die Lebensnähe, die Bedeutung für den Bildungsgang, die wissenschaftliche und soziale Relevanz sowie die Darstellbarkeit und Zugänglichkeit.

Die Möglichkeiten der didaktischen Vereinfachung wären eine stufenweise Reduktion der Anzahl an Einzelheiten, das Hervorheben der mit anderen Aussagen übereinstimmende Teilaussagen und der Verzicht auf einzelne Teilaussagen in denen auch das Allgemeine enthalten ist.[26]

---

[26] Vgl. URL http://www.fo-net.de/Mentoreninformation/ Unterricht/Planung/ Didaktische_Reduktion/ hauptteil_didaktische_reduktion.html, [04.01.2005].

Erfahrungsgemäß kann gesagt werden, dass etwa 10 % vom gesamten Inhalt als reduzierter Teil den Lernenden zur Verfügung stehen soll.

2.1.2   Didaktische Transformation

Didaktische Transformation bedeutet die Inhalte auf die jeweilige Zielgruppe abzustimmen und auf verständlicher Art und Weise zu präsentieren. Die vier Aufgaben einer didaktischen Transformation nach Aschersleben[27] sind: Die Sachstruktur des Unterrichtsgegenstandes muss untersucht werden, wobei der/die Lehrer/in die fachlichen Voraussetzungen kennen muss, der Unterrichtsgegenstand muss schülergemäß aufgebaut werden, die Wahl des Unterrichtsgegenstandes muss durch triftige Gründe gerechtfertigt (legitimiert) werden und letztendlich der Unterrichtsgegenstand muss quantitativ (Eingrenzung des Umfanges) und qualitativ (Vereinfachung der Schwierigkeit) reduziert werden.

2.2   Zielformulierung und Neukonzeption

Einen wesentlichen Bestandteil der Inhaltsaufbereitung stellt eine konkrete Zielformulierung, die Auskunft darüber gibt, was die Lernenden im Laufe des nachfolgenden Lernschrittes lernen sollen, dar.[28] Diese Vorgehensweise erzeugt den notwendigen Grad an Transparenz und Orientierung für die Lernenden.

---

[27] Vgl. Aschersleben, URL http://bebis.cidsnet.de/weiterbildung/sps/allgemein
    /bausteine/ziellenk/ didatrans/didanalys.htm [04.01.2005].
[28] Vgl. ebenda, S. 187.

Sind die Lernziele abgeklärt, können Texte und Übungsaufgaben sowie diverse andere Medien (Animationen, Videos, etc.) produziert werden, welche den aktuellen Lernschritt unterstützen.

Der klassische Ablauf der Inhaltsaufbereitung sieht nach Magnus folgendermaßen aus:[29]

- *Ziele (Objectives) erklären*: Darstellung der Lernziele

- *Überblick*: Auflistung der Teile des Lernschrittes

- *Präsentation*: Darbietung der didaktisch und multimedial aufbereiteten Inhalte

- *Übungen*: Übungsaufgaben zur vertieften Auseinandersetzung mit den Inhalten

- *Verallgemeinern des Wissens*: Anwendung des Wissens in verschiedenen Zusammenhängen

- *Selbsttest*: Selbstevaluation des/der Lernenden

- *Ergänzende Materialien*: Nicht prüfungsrelevantes Zusatzwissen

- *Fieldtrip*: Zusätzliche und weiterführende Informationen (zB Internetadressen, Literaturhinweise, etc.)

- *Prüfung*: Abschluss des Lernschrittes im Sinne einer echten Prüfung

Wird bei der Erstellung eines Lernprogramms auf den Konstruktivismus geachtet, so können adaptive generative Systeme Einfluss auf die Aufgabenstellungen nehmen. Adaptive generative Systeme sind Programme, die Aufgaben unterschiedlichen Schwierigkeitsgrades erzeugen und eine Lösung beurteilen können[30]. Dabei treten einige Vorteile

---

[29] Vgl. ebenda, S. 189f.
[30] Vgl. Holzinger [2], 2001, S. 193.

auf, unter anderem können beliebig viele Aufgaben gestellt werden, damit der/die Lernende das Lernziel erreicht, und der Schwierigkeitsgrad kann so gewählt werden, dass das Vorwissen mit eingebracht werden kann. Weiters können Lösungen einerseits mit richtig oder falsch beurteilt werden, andererseits können einzelne Schritte einer Problemlösung beurteilt werden.

2.3   Entwicklung eines spezifischen Modells

Präsenz- und E-Learning Phasen sollen so angeordnet werden, dass eine größtmögliche Effizienz erreicht werden kann. Wichtig ist dabei die kunstgerechte Anordnung von Präsenz- und E-Learning Phasen, wobei hierbei keine allgemein gültige Regel beschrieben werden kann.

Jeder Autor eines E-Learning-Programms muss selber einschätzen, wie die verschiedenen Phasen angeordnet werden müssen, um eine höchstmögliche Effizienz zu erreichen. Das heißt, dass jeder E-Learning Autor ein anwendungsspezifisches Modell entwickeln muss. Jedes Vorhaben muss dementsprechend überlegt werden.

Anzuraten ist allerdings, dass bei komplexeren Themen eine Präsenzphase bereits zu Beginn zu erfolgen hat, in welcher das Grundsätzliche über einen Stoff erklärt wird, erst danach können die Lernenden die Inhalte einer E-Learning-Plattform in Eigenarbeit erlernen.

2.4   Entwicklung eines Betreuungsmodells

Betreuer/innen eines E-Learning-Programms haben nicht nur die Aufgabe die Lernenden in ihren Anliegen direkt zu unterstützen, sondern müssen sich auch mit technischen Fragen beschäftigen, falls das Programm nicht voll funktionstüchtig ist.

Dabei muss jede/r E-Learning-Autor/in selbst entscheiden, welches Betreuungsmodell hier ein effizienteres Arbeiten erlaubt; er kann dabei zwischen der synchronen und der asynchronen Betreuung wählen.

2.5   Drehbuch

Bevor noch mit der Erstellung der ersten Seiten einer CBT begonnen wird, sollte ein Drehbuch erstellt werden, in dem ersichtlich ist, welche Inhalte (Texte, Videos, Grafiken, Ton in den entsprechenden Formaten) auf einer Seite enthalten sind. Eine Drehbuchvorlage soll sowohl den Programmierer/innen, also auch den Autor/innen die Arbeit erleichtern und so zur Verbesserung des Lernprogramms beitragen.

Da die Programmierer/innen nicht automatisch wissen können, welche Inhalte auf eine Seite kommen, muss das Drehbuch exakt erstellt werden um einen reibungslosen Arbeitsablauf zu garantieren.

Jede Seite muss dem Programmier/innen übermittelt werden, wobei bei jeder Änderung einer Seite eine neue Dokumentvorlage mit der Seitenbezeichnung und dem Lernprogramm-Titel dem/der Programmierer/innen übergeben werden muss, damit keine Unklarheiten auftauchen können.

Aufgrund der Drehbuchvorlage kann der/die Programmierer/in die Seite mit der gewünschten Gestaltung, den unterstützenden Interaktionsmöglichkeiten und den multimedialen Beiträge ausstatten.

3   Gestaltung von E-Learning-Programmen

3.1   Die Bildschirmseite

Auf einer Bildschirmseite sind alle Informationen, die von den Lernenden aufgenommen werden sollen. Aus diesem Grund ist der Aufbau
der Seite von großem Wert. Es wird häufig viel Arbeit in die Bearbeitung von Bildern und Grafiken gelegt, der Typografie wird allerdings
weniger Beachtung geschenkt und doch ist eine gute lesbare Schrift,
die von den Lernenden anstrengungslos aufgenommen und erfasst
werden kann, von großem Wert.

Auf einer Bildschirmseite sollte maximal 1/3 Text sein, der restliche
Platz kann mit diversen multimedialen Funktionen (Grafiken, Videos,
Animationen) aufgefüllt werden. Für den Aufbau einer Bildschirmseite
gilt, dass generell weniger Text verwendet werden sollte, da das Lesen
auf Bildschirmen, im Gegensatz zum Lesen von einem Papier wesentlich anstrengender und weniger effizient ist. Der Text sollte im Blocksatz formatiert sein, da die Augenbewegungen beim Lesen ruckartig
erfolgen und durch unterschiedliche Zeilenlängen der Lesefluss beein-
trächtigt wird. [31]

3.2   Typografie

Wie bereits erwähnt, spielt die richtige Auswahl von Schriftarten eine
große Rolle in der Aufbereitung einer Bildschirmseite. Grundsätzlich
gibt es drei Arten von Schriften: Serifenschriften[32], serifenlose Schriften

---

[31] Vgl. Holzinger [3], 2001, S. 107ff.
[32] Als Serifen werden die Häkchen an den Buchstaben bezeichnet.

und Schreibschriften. Für längere Texte eignen sich serifen- bzw. serifenlose Schriften, wobei Serifenschriften auf Papier und serifenlose Schriften besser am Bildschirm zu lesen sind.

Laut Holzinger soll die Aufbereitung des Inhaltes am Bildschirm kurz, prägnant und gegliedert sein *„Text und Bild sollen sich idealerweise ergänzen. Der Text soll ein Bild begleiten – ohne bildlich besser darstellbare Details beschreiben zu müssen."*[33]

Schriftgröße

Ein weiteres wichtiges Kriterium für die Lesbarkeit eines Textes ist die Schriftgröße, oder der Schriftgrad. Es werden drei Schaugrößen unterschieden: [34]

Konsultieren: Für Texte, die nicht fortlaufend gelesen werden. Es wird eine Schriftgröße von 8 pt verwendet.

Lesen: Für fortlaufende Texte, die als Grundtexte verwendet werden, wird 10 pt verwendet.

Schauen: Diese Größe wird für Überschriften verwendet, ab 14 pt.

Diese Schriftgrößen können bei verschiedenen Schriften unterschiedlich sein, da diverse Schriften bereits größer (zB Arial) oder kleiner konzipiert wurden.

3.3   Die richtige Farbwahl

Ein weiterer wichtiger Punkt ist die Farbwahl. Untersuchungen zur psychologischen Wirkung von Farben belegen, dass jede Farbe Emo-

---

[33] Vgl. Holzinger [3], 2001, S. 107.
[34] Vgl. ebenda, S. 116.

tionen auslöst, wobei sich bestimmte emotionale Reaktionen auf diverse Farben verallgemeinern lassen.

Durch den Einsatz von Farben kann eine weitere Dimension der Informationsaufnahme erreicht werden. So ist eine dunkle Schrift auf hellem Hintergrund wahrnehmbarer als eine helle Schrift auf einem dunklen Hintergrund.

Jede Farbe hat einen psychologischen Hintergrund, so wird beispielsweise Grün auf Grund biologischer Einflüsse besser wahrgenommen. Es sollen nicht zu viele Farben auf einmal verwendet werden, da der Mensch nur eine bestimmte Anzahl von Objekten aufnehmen kann. Durch zu viele Farben würde die menschliche Aufnahmefähigkeit schlicht und einfach überfordert werden.[35] Eine Bildschirmseite soll daher nicht mehr als 4 Farben aufweisen, allerdings werden unterschiedliche Helligkeitsstufen nicht mitgerechnet.

Zu vermeiden sind auch Hintergrundbilder, da sich der Text eindeutig vom Hintergrund abheben soll, sowie falsche Farbkombinationen (zB roter Text auf grünem Hintergrund bietet einen schlechten Kontrast).

3.4   Die richtige Raumaufteilung

Ein wichtiges Merkmal für die Attraktivität einer Lernplattform ist die richtige Raumaufteilung. Grundsätzlich soll wie bereits erwähnt beachtet werden, dass maximal ein Drittel der Bildschirmseite mit Text befüllt wird, wobei in einer Zeile maximal zehn Wörter stehen sollen. Bei kurzen Zeilen und kleinen Textmengen wird der Flattersatz (links-

---

[35] Vgl. Holzinger [3], 2001, S. 125ff.

bündig) verwendet, da dieser mit unseren Lesegewohnheiten überein-stimmt.

Wichtig ist, dass der Inhalt gut lesbar ist. Es wird hierbei für den Grundtext eine Schriftgröße von 12 pt empfohlen, wobei diese Grö-ße, auf die jeweilige Schriftart abzustimmen ist. Die Schrift soll nicht größer als 18 pt sein, wobei dieser Schriftgrad für Überschriften ver-wendet wird.[36] Grundsätzlich wird die Schriftart Arial (10-16 pt) emp-fohlen, da diese speziell für längere Texte konzipiert wurde und so einen angenehmen Lesefluss ermöglicht.

Die Texte sollen keine zu langen Zeilen haben, sondern sie sollen in Textblöcke aufgeteilt werden, wobei diese kurz, prägnant und geglie-dert sein müssen. Letzteres deshalb, da bei der Informationssuche die Texte nicht linear durchgelesen werden, sondern es werden lediglich bestimmte Textpassagen genauer gelesen.

Damit Text gerne und gut gelesen werden können, ist auch die Aus-wahl der Ausrichtung von großer Bedeutung. Bei der Textausrichtung wird zwischen vier Arten unterschieden: Linksbündig, rechtsbündig, zentriert und der Blocksatz.

Linksbündig, oder der so genannte Flattersatz, wird für kleinere Text-mengen und kurze Zeilen verwendet, für größere Textmengen wird der Blocksatz empfohlen[37], da das Auge leichter in die nächste Zeile findet, wenn alle Zeilen in der gleichen Fluchtlinie enden.

---

[36] Vgl. Holzinger [3], 2001, S. 237.
[37] Vgl. ebenda, S. 111ff.

3.5   Aufbereitung von Grafiken

Wie bereits erwähnt, sollen Grafiken den Text ergänzen und Assozia-
tionen herstellen helfen. Aber nicht nur das, Grafiken haben einerseits
die Aufgabe zu informieren und zu strukturieren, andererseits können
sie auch zur ansprechenderen Gestaltung von Bildschirmseiten verwendet werden. Aus diesem Grund muss bereits bei der Erstellung
eines Lernprogramms überlegt werden, welche Aufgabe eine Grafik
zu erfüllen hat. Im Auge des Betrachters werden Grafiken und Bilder
vom Autor hauptsächlich dazu verwendet, eine Bildschirmseite attrak-
tiver zu gestalten, erst beim „zweiten Blick" wird die Aufgabe hinter
Grafiken entdeckt. Querformatige Bilder wirken eher ruhig und aus-
geglichen, während Bilder im Hochformat interessant und spannend
wirken. Effektiv sind Grafiken dann, wenn sie mit einem Blick wahrgenommen und verstanden werden.[38] Werden Grafiken eingefügt, haben sie meistens den Zweck Daten schnell zu überliefern, wobei es
nicht immer von Vorteil ist, die gesamte Grafik zu präsentieren. Frei
nach dem Motto „Weniger ist oft mehr", kann nur ein Teil eines Bildes verwendet werden, um Informationen weiterzugeben.

Es gibt zwei Möglichkeiten eine Grafik zu verkleinern: Beim Cropping
wird das Bild zugeschnitten, beim Scaling wird das Bild in seiner Ge-
samtstruktur verkleinert.

Ein Bild muss verkleinert werden, da das „full-size-image" oft zu groß
für E-Learning wäre und demnach relativ lange zum Laden benötigt.
Weiters kann eine kleinere oder veränderte Variante der Grafik oft-
mals den Inhalt besser vermitteln, als die Gesamtansicht.

---

[38] Vgl. Holzinger [3], S. 129f.

Für das Internet interessant sind JPEG-Grafiken (Joint Photografic Experts Group, *.Jpg), da sie eine besonders hohe Kompressionsrate erzielen können, diese allerdings mit Qualitätsverlust. Diese Kompressionsrate wird durch Zusammenfassen gleicher und ähnlicher Farben zu einer Farbe erzielt. Damit zu harte Übergänge durch diese neu entstandenen Farben nicht zu erkennen sind, werden Störungen, sogenannte Artefakte, eingefügt. Wird diese Pixelgrafik wieder vergrößert, so können diese Artefakte genau erkannt werden.[39]

Aufgrund dieser Artefakte sollte bereits vor der Einbindung einer Jpg-Grafik dessen Größe geändert werden, sodass diese im Nachhinein nicht mehr verändert werden muss. Somit ist gewährleistet, dass etwaige unerwünschte Erscheinungen, wie eben diese Artefakte, nicht auftreten können.

3.6   Zusammenfassung

Wie sollte also zusammenfassend eine Bildschirmseite optimal aufgebaut sein, damit der Inhalt gut und gerne gelernt wird? Tausch/Tausch haben dazu vier Dimensionen der Wissensvermittlung[40] entwickelt, welche sich auf alle Arten von Lernunterlagen sehr gut übertragen lassen:

- *Dimension der Einfachheit:* Inhalte sollen eine einfache Darstellung aufweisen und lediglich aus kurzen und einfachen Sätzen bestehen um einen möglichst hohen Lernerfolg erzielen zu können.

- *Dimension der Kürze und Prägnanz*: Inhalte sollen auf das Wesentliche beschränkt und stets auf das Lernziel konzentriert sein.

---

[39] Vgl. Sonnleitner, 2000, S. 9.
[40] Vgl. Tausch/Tausch, 1973, S. 402.

- *Dimension der Gliederung und Ordnung*: Texte müssen eine klare, übersichtliche Gliederung aufweisen es soll ein roter Faden erkennbar sein.

- *Dimension der zusätzlichen Stimulans*: In E-Learning-Programmen sollen zusätzliche Stimuli eingebracht werden. Seien es Fotos, Videos oder nur diverse Farben. Diese regen einerseits zum Lernen an und lassen die Inhalte interessanter, abwechslungsreicher und persönlicher erscheinen.

3.7   Aufbereitung von Videos und Sounds

Videos und Sounds können in diverse Teilbereiche eines E-Learning-Programms eingefügt werden, um zusätzlich zu einem Text Informationen auf eine andere Art darzubringen. Wie bereits durch die Dimensionen der Wissensvermittlung nach Tausch/Tausch dargelegt, wirken Grafiken und Sounds aufgrund der täglichen Benutzung locker und erheiternd, aus diesem Grund ist es auch wichtig, dass essentielle Informationen nicht nur über dieses Medium übermittelt werden. Auditive Medien wirken dabei stärker und nachhaltiger als bildliche Darstellungen. Allerdings muss den Lernenden der Abruf von Videos und Sounds selbst überlassen werden, da es dabei leicht zu einer Reizüberflutung kommen kann!

3.7.1   Video[41]

Durch die große Anzahl dieser „bewegten Bilder" kann schon eine kurze Videosequenz eine große Speichermenge in Anspruch nehmen. Aus diesem Grund ist es wichtig, den Lernenden kein zu langes Video vorzuführen. Grundsätzlich kann gesagt werden, dass ein Video nicht länger als 5 Minuten dauern soll. Durch diesen Richtwert kann einerseits gesichert werden, dass das Laden des Videos nicht zu lange dauert und andererseits wirkt das Video durch diese relativ geringe Zeit nicht ermüdend.

Der/die Lernende soll selber entscheiden können, ob er/sie das Video ansieht, oder nicht. Es soll ebenfalls entschieden werden können, wann das Video angehalten wird, so sind sowohl ein Start- als auch ein Stoppbutton und eine Lautstärkenregelung wichtig.

Die gängigsten Videoformate sind MPEG (Motion Picture Expert Group), AVI (Audio Video Interleaved) und QuickTime. Diese Formate können mit unterschiedlichen Programmen (zB Real Player, Windows Media Player oder Quick Time Player) angesehen werden.

3.7.2 Soundeffekte[42]

Soundeffekte können in Ton, Geräusche, Earcons (Informationen über den Systemzustand), Musik und Sprache eingeteilt werden. Beim Einsatz von Sprache (gesprochene Texte) können sehr leicht Probleme, wie zu geringer Speicherplatz oder aufwendige Produktion, auftreten. Gesprochener Text sollte stets in verständlicher Sprache, kurzen Sätzen und einfachen Formulierungen gehalten werden, da grundsätzlich Sprache schwieriger zu wiederholen ist, als Text. Gesprochener Text soll weiters abschaltbar und wiederholbar sein, außerdem soll wiederum eine Lautstärkeregelung vorhanden sein.

---

[41] Vgl. Holzinger [1], 2000, S. 183ff.
[42] Vgl. Holzinger [3], 2001, S. 148ff.

Die wichtigsten Audioformate sind WAV (Wavelet), MP3 (MPEG Layer3) und MIDI (Music Instrument Digital Interface), wobei diese Formate durch Herunterladen oder Streaming Audio übers Web übertragen werden können. Streaming bedeutet, eine Audiodatei über das Web anzusehen, beispielsweise mit einem Real Player.

3.8   Interaktion[43]

„Interaction is the key!"[44] Unter Interaktion (lat.) versteht man die Wechselbeziehung zwischen Personen, Gruppen und Handlungen. Interaktion in Beziehung mit einem Computer meint die Wechselbeziehung zwischen dem Medium Computer und dessen Benutzer/innen. Der Computer wird neben dem Kommunikationsmedium auch als Interaktionsmedium gesehen, das bedeutet, dass eine gegenseitige Interaktion zwischen Computer und Benutzer/in stattfindet.

Die bedeutendste und am häufigsten verwendete Interaktionsform ist laut Geiser die Schrift mittels Tastatureingabe. Handschriftliche Eingabe ist derzeit nur bei Palmtops oder Visors interessant, während Sprache, Gestik und Mimik der/s Benutzer/in als Interaktionsform noch im Forschungsstadium steht.

Kerres[45] definiert Interaktion als einen „pädagogischen Dialog" zwischen Lernenden und Lehrenden. Umgelegt auf E-Learning bedeutet dies, dass der Benutzer mit Hilfe der Interaktion freien Zugang zu multimedialen Informationen hat. Weiters ist mit Interaktivität die

---

[43] Vgl. Holzinger [3], 2001, S. 183ff.
[44] Vgl. Lorenzo & Moore, 2002, URL http://www.izhd.uni-hamburg.de/pdfs/ Didaktisches_Design.pdf.
[45] Vgl. Kerres, 1998.

Handlungsmöglichkeit des/der Lernenden beim Umgang mit Lernobjekten gemeint[46].

Im Gegensatz zum linearen Lernen, wo nur in eine Richtung gelernt werden kann, bieten Lernplattformen mit Hilfe der Interaktionen eine neue Qualität des Lernens an. So können die Lernenden in das Lernangebot eingreifen und die Reihenfolge diverser Informationen individuell wählen. Durch die Miteinbindung der Eigenständigkeit der Benutzer/innen kann eine Steigerung der Lernwirksamkeit der Programme bewirkt werden, weiters können Interaktionen den Lernprozess unterstützen. Interaktionen brechen die starren Strukturen des bisherigen Lernens auf und sind daher didaktisch gesehen von großer Bedeutung.

3.8.1   Interaktions-Komponenten

Interaktions-Komponenten oder UI-Komponenten (User-Interface-Komponenten) sind Objekte, die für die Interaktion zwischen Computersoftware und Benutzer/in zuständig sind[47]. Jedes Objekt erfüllt eine spezielle Interaktionsaufgabe (zB Links, um zu anderen Seiten zu gelangen). Mögliche Interaktions-Komponenten sind Buttons/Links, Animationen, Menüs, Glossare oder Lexika, wobei hier einerseits unter Steuerungsinteraktionen (Buttons, Links) und didaktischer Interaktionen unterschieden werden kann.

Jeder Autor einer Lernplattform kann ein eigenes Glossar oder Lexikon erstellen, es gibt allerdings auch die Möglichkeit, über einen Link ein Lexikon im Internet aufzurufen. Grundsätzlich haben diese Interak-

---

[46] Vgl. URL http://www.izhd.uni-hamburg.de/pdfs/Didaktisches_Design.pdf.
[47] Vgl. Holzinger [3], 2001, S. 198.

tions-Komponenten die Aufgabe, ein einheitliches Erscheinungsbild der Lernplattform zu verschaffen, gleichzeitig sollen sie so konzipiert sein, dass der/die Lernende die Aufgabe hinter jeder Komponente auf einen Blick erfassen kann.

Buttons

Die wohl häufigste Form von Interaktionen sind Buttons. Jeder Button hat eine bestimmte Aufgabe, welche durch Klicken mit der Maus auf den Button aufgerufen wird. Buttons sind vergleichbar mit Links, da durch das Aktivieren der Buttons auf eine andere Seite oder einen anderen Inhalt verwiesen wird.

3.9　Übungsaufgaben

Nach jedem Kapitel eines E-Learning-Programms soll eine Wiederholung des Gelesenen angeboten werden. Durch diese Übungsaufgaben erhalten die Lernenden einerseits eine Abwechslung und andererseits können sie überprüfen, inwieweit das Gelernte von ihnen verstanden wurde. Gleichzeitig wird überprüft, ob der Lernende bestimmte Lernziele erreicht hat.

Übungsaufgaben dienen zur Motivation und zum Anstoß für die Erarbeitung neuer Lerninhalte, wenn die Übungen mit Erfolg absolviert wurden. Sie werden anhand von Fragestellungen durchgeführt, wobei darauf geachtet werden muss, dass die Fragen verständlich formuliert werden. Man unterscheidet zwei verschiedene Arten von Fragestellungen[48]: Geschlossene und offene Fragen.

---

[48] Vgl. Moriz/Grinschgl, 2001, S. 14ff.

3.9.1   Geschlossene Fragen

Bei geschlossenen Fragen ist die Antwort eine Auswahl oder eine Zuordnung von vorgegebenen Optionen. Der Lernende hat keine Möglichkeit die Antwort selbstständig zu verfassen, sondern bekommt mehrere mögliche Antworten vorgegeben, woraus er die Richtige filtern muss. Eine weitere Möglichkeit ist, dass der Lernende bestimmte Begriffe zu- oder umordnen muss, um zur richtigen Antwort zu gelangen.

Multiple-Choice

Bei dieser Art der Fragestellungen sind die Antworten vorgegeben und der Lernende muss die Richtige auswählen. Hier besteht die Möglichkeit, zwei Antworten (richtig/falsch) oder mehrere Antworten anzubieten.

Zuordnung

Die Lernenden ordnen Begriffe einander zu und wiederholen so den erlernten Stoff. Durch diese Wiederholung müssen Zusammenhänge erkannt und zugeordnet werden. Die Fragestellung kann digital (Begriffe werden zugeordnet) oder analog (ein Wert wird auf einer Skala dargestellt) erfolgen.

Umordnung

Es werden bestimmte Begriffe vorgegeben, die in die richtige Reihenfolge gebracht werden müssen. So können beispielsweise Handlungsabläufe beschrieben und die einzelnen Teile in die richtige Reihenfolge geändert werden.

Auswahltext

Bei dieser Frageart stehen sowohl die richtigen, als auch die falschen Antworten zur Verfügung. Durch Anklicken der Antworten kann die Auswahl getroffen werden.

3.9.2 Offene Fragen

Im Gegensatz zu den geschlossenen Fragen, bei denen die Antworten bereits vorgegeben sind, müssen bei offenen Fragen einzelne Teile selbstständig eingetragen bzw. erarbeitet werden. Entweder kann nur ein fehlender Antwortteil eingetragen werden, oder die Beantwortung erfolgt in einer kurzen, selbstentwickelten Antwort. Der/die Lernende wird bei dieser Art der Fragestellung dazu animiert, selber die richtige Antwort aus dem vorher Gelernten zu filtern.

3.10 Feedback

Feedback soll für die Lernenden nicht nur eine Rückmeldung über die Lernfortschritte sein, es soll darüber hinaus motivierende Wirkung erzielen.[49] Aus diesem Grund soll bei jeder Fragestellung eine Rückmeldung der Studierenden erfolgen. Allerdings ist dabei zu beachten, dass es auch angemessen ist. Das Feedback kann unmittelbar nach der Beantwortung einer Frage, nach einem bestimmten zeitlichen Abstand oder nach Ende einer Lernsequenz erfolgen[50].

Die Wissenschafter sind sich nicht einig, wenn es darum geht, wann ein Feedback abgegeben werden soll. So meinten beispielsweise van Houten oder Kulik & Kulik, dass ein sofortiges Feedback günstiger

---

[49] Vgl. Magnus, 2001, S. 197.

aufgenommen wird. Andere Forscher, wie zB Rankin und Trepper beobachteten, dass ein verzögertes Feedback besser behalten wird. Wird eine Frage falsch beantwortet, verharren die Teilnehmer in der Erinnerung, eine falsche Antwort abgegeben zu haben und diese Erinnerung verzerrt die weiteren Ergebnisse. Somit ist die Art des Feedbacks von großer Bedeutung.

Wird diese Rückgabe unmittelbar nach einer Antwort abgegeben, so muss auf die Formulierung des Feedbacks Rücksicht genommen werden. Rückmeldungen sollen in positiver, motivierender und ermutigender Form erfolgen, sie sollen nicht als direkte Verbesserung von Fehlern dienen, sondern ein Hinweis auf etwaige Fehler sein[51].

Feedback kann unterschiedlich erfolgen, so kann beispielsweise ein Wort, ein Satz oder ein bestimmter Ton ausgegeben werden oder es kann in animierter Weise erfolgen, wobei die Annahme des Feedbacks von den unterschiedlichen Lerntypen abhängen kann. So werden beispielsweise auditive Lerntypen eher auf die Ausgabe eines Tones oder einer Musik reagieren und visuelle Lerntypen eher auf das Feedback in Form eines Bildes oder eines Satzes.

Interaktion und Feedback sind zwei eng verbundene Komponenten, da ein Feedback von Lernenden, die vorher die Lernplattform nicht durchgearbeitet haben, relativ sinnlos ist. Häufig werden Feedbacks in Form von Tönen (zB Buttonklicks) ausgegeben, welche auf bestimmte Aktionen des Benutzers reagieren. Diese Aktionen können Tastatureingaben oder Mausbewegungen sein. Die Feedback-Töne gelten als direkter Dialog zwischen Benutzer/in und dem System[52]. Bei

---

50 Vgl. Holzinger [2], 2001, S. 178f.
51 Vgl. Holzinger [2], 2001, S. 257.
52 Vgl. Holzinger [3], 2001, S. 161.

Lernprogrammen wird zwischen positiven und negativen Rückmeldungen unterschieden.

3.10.1 Positive Rückmeldungen

Positive Rückmeldungen werden bei richtigen Antworten auf Fragen gegeben und dienen als Motivation für die nächste Aufgabenstellung. Diese Art des Feedbacks hat weiters die Aufgabe den/die Lernende/n in seinem/ihren Verhalten zu stärken.

Positive Rückmeldungen erfolgen durch einen Satz mit dem Hinweis, dass die Aufgabe richtig gelöst wurde. Um die Motivation zu steigern, kann auch noch ein Zusatz formuliert werden.

3.10.2 Negative Rückmeldungen

Wird eine Frage falsch beantwortet, so wird ein negatives Feedback gegeben. Die Rückmeldung soll den/die Lernende/n darauf hinweisen, dass die Frage nicht korrekt gelöst wurde, sie soll allerdings einen Zusatz enthalten, der den/die Benutzer/in dazu ermutigt, die nächsten Fragen richtig zu lösen. Negatives Feedback soll so formuliert werden, dass die Motivation des Teilnehmers oder der Teilnehmerin nicht darunter leidet.

4   Betreuung von E-Learningprogrammen

Der Betreuung kommt bei E-Learning-Plattformen eine große Bedeutung zu. E-Learning sollte nicht als Lernform sui generis dienen, sondern unterstützend und als Ergänzung zu den traditionellen Unterrichtsmethoden eingesetzt werden. Während der/die Lernende bei CBT isoliert gelernt hat und somit kaum eine Betreuung möglich war, ist seit WBT bzw. E-Learning im Sinne des Blended-Learnings die Betreuung immer wichtiger geworden.

Der Inhalt einer Lernplattform muss immer auf dem neuesten Stand gehalten werden; läuft diese Aktualisierung reibungslos ab, so kann der Betreuungsfaktor gesenkt werden. Mögliche Schwierigkeiten der Lernenden mit dem Inhalt müssen daher schon bei der Konzeption von E-Learningprogrammen beachtet werden. Eine weitere Absenkung der Betreuung ist möglich, wenn Foren, Newsgroups oder bzw. und Mailinglisten in die Lernplattform integriert und diese von den Benutzer/innen angenommen werden, um sich gegenseitig auszutauschen und um mit dem/der Betreuer/in in Kontakt zu treten[53]. Diese/r hat somit vor allem die Aufgabe, den direkten Lernprozess zu unterstützen und den Lernerfolg zu sichern, gleichzeitig muss er sich auch mit technischen Fragen befassen[54]. Grundsätzlich werden zwei Möglichkeiten der Betreuung unterschieden, die synchrone (E-Mail, Forum, News, etc.) und die asynchrone Betreuung (Chatroom, etc.), wobei mit synchron die zeitgleiche und bei asynchron eine zeitversetzte Betreuung gemeint ist.

---

[53] Vgl. Janetzko, 2002, S. 106.
[54] Vgl. Dittler, 2002, S. 21.

4.1   Synchrone Betreuung

Das Merkmal einer synchronen Betreuung ist, dass alle Teilnehmer gleichzeitig anwesend sein müssen, wobei der räumliche Unterschied gegeben sein kann. Durch diese Art der Betreuung können zwar Fragen sofort beantwortet werden, allerdings finden eingeschränkte Kommunikationsmöglichkeiten statt, beispielsweise fällt die nonverbale Kommunikationsebene (körpersprachliche Signale) weg und diverse Beiträge können oft nicht gespeichert werden[55].

Probleme mit der synchronen Betreuung könnten auftreten, wenn nicht alle Teilnehmer zur gleichen Zeit online sein können[56], oder wenn ein oder mehrere Teilnehmer eine zu geringe Internet-Bandbreite haben.

Eine wichtige Bedeutung hat die sofortige Rückmeldung bei Fragen dahingehend, dass die schnelle und beratende Beantwortung eine kontinuierliche und motivierende Auseinandersetzung mit dem Lernstoff fördert und so die Motivation steigert[57].

Die wohl bekannteste Form der synchronen Betreuung ist der Chat, weiters möglich sind aber auch Audio- oder Videokonferenzen.

Chat

Mittlerweile gibt es im Internet einige kostenlose „Chats", bei denen die Teilnehmer/innen via Tastatur Textmitteilungen schreiben können, welche dann von den anderen Teilnehmer/innen sofort gelesen und beantwortet werden können.

---

[55] Vgl. URL http://www.oberschulamt-stuttgart.de/gym/pilot/anl_betreuung.html.
[56] Vgl. Magnus, 2001, S. 170.
[57] Vgl. Thomaschewski, URL: http://www.bibb.de/de/limpact17646.htm.

Die Teilnehmeranzahl ist beinahe uneingeschränkt, allerdings könnten bei allzu vielen Teilnehmer/innen diverse Beiträge überlesen werden. Ein weiteres Problem ist, dass Lernende, mit geringerer Bandbreite, längere Zeit benötigen, um die Mitteilungen einerseits zu lesen und andererseits ihre Chatbeiträge zu senden.

Um die Lernatmosphäre zu erhöhen, können ei einem Chat so genannte „Emoticons" (Smileys oder diverse andere lachende/weinende Gesichter) eingesetzt werden, welche die Gefühle oder die Aussagekraft der Mitteilungen unterstreichen sollen.

Audiokonferenz

Unter Audiokonferenz wird Telefonie via Internet bezeichnet. Mittels einer Software und eines Headsets können die Teilnehmer/innen in die Audiokonferenz einsteigen, welche allerdings meist auf eine gewisse Teilnehmeranzahl beschränkt ist. Weiters ist zu beachten, dass auch hier die Internetbandbreite eine wichtige Rolle spielt.

Videokonferenz

Ähnlich der Audiokonferenz funktioniert auch die Videokonferenz. Teilnehmer/innen können mit einer geeigneten Software und einer Webcam an einer Videokonferenz teilnehmen. Ein sehr positiver Aspekt ist hier, dass sich die Teilnehme/innen sehen und so ein persönlicheres Gefühl, beispielsweise als bei Chats, auftreten kann. Allerdings ist auch hier die Teilnehmeranzahl beschränkt und Teilnehmer/innen mit zu geringer Bandbreite können kaum an einer Konferenz teilnehmen, da die Übertragung von Videodaten zu lange dauern würde.

4.2   Asynchrone Betreuung

Bei der asynchronen Betreuung ist jede/r Teilnehmer/in, sowie der/die Lehrende räumlich und zeitlich getrennt. Die Teilnehmer/innen hinterlassen ihre Fragen, welche vom Lehrenden zu einer anderen Zeit beantwortet werden.

Dies bedeutet einerseits, dass die Lernenden zeitlich flexibel sind, da sie nicht zu einer bestimmten Zeit online sein müssen, andererseits kann durch (eventuell) zu lange Antwortzeiten die Motivation der Lernenden darunter leiden. Im Gegensatz zur synchronen Betreuung findet hier kein Austausch zwischen den Teilnehmer/innen statt, da diese sich nicht kennen und auch keinen Kontakt miteinander haben. Durch die synchrone Betreuung findet zumindest ein Internet-Kontakt statt, welcher eventuell zu einer Lerngruppe führen könnte. Zu einer asynchronen Betreuung zählen E-Mails, Newsgroups/Foren, Schwarze Bretter/Pinnwände und Feedback.

E-Mail

Die bekannteste Form von asynchroner Betreuung ist der Kontakt via E-Mail. Die Teilnehmer/innen senden ihre Fragen an den/die Betreuer/in, welche/r die Antworten ebenfalls via E-Mail zurücksendet. Ratsam wäre hier, wenn festgelegt werden würde, nach welcher Frist eine Antwort zurückkommen soll, da bei zu langer Wartezeit wiederum die Motivation verloren geht. Ein weiterer Grund für die Setzung einer Frist ist, dass die Gefahr besteht, dass E-Mails nicht an ihr Ziel kommen, die Frist dient somit auch als Bestätigung, dass das E-Mail korrekt angekommen ist.

Newsgroups/Foren

Diese Form von Betreuung kann mit einem E-Mail Kontakt verglichen werden. Die Nachrichten werden dabei allerdings nicht an eine bestimmte Person gesendet, sondern sie werden öffentlich und (meist) zu einem bestimmten Thema hinterlassen. Jede/r Teilnehmer/in kann auf die gestellte Frage antworten. Bei Foren und bei Newsgroups werden dann sowohl die Fragen, als auch sämtliche Antworten angezeigt, sodass der Verlauf beobachtet werden kann. Die öffentliche Fragestellung kann somit mit einer Frage im Präsenzunterricht verglichen werden.

Schwarze Bretter/Pinnwände

Ähnlich wie eine physische Pinnwand können schwarze Bretter genutzt werden. Die Lernenden, sowie die Lehrenden können eine Nachricht oder eine Frage an eine „Pinnwand" im Internet heften, welche dann von allen Teilnehmer/innen gelesen werden kann. Schwarze Bretter oder Pinnwände dienen auch dazu, Informationen, die für alle Teilnehmer/innen bestimmt sind, ersichtlich zu hinterlassen.

4.3   Betreuung aus der Sicht des Lehrenden

Ein/e Lernplattform-Autor/in ist nicht nur ein/e Ansprechpartner/in für sämtliche Anliegen der Studierenden, sondern er/sie hat auch die Aufsicht über die Einsendetermine von Prüfungen und Aufgaben, weiters ist der Lehrende für die zeitliche Organisation der synchronen Betreuungsformen zuständig. Da es bei jedem E-Learning auch immer wieder Präsenzphasen geben soll, ist der/die Autor/in auch für dessen Planung verantwortlich. Während ein Lehrender bei der synchronen Betreuung eine Frage für alle Teilnehmer/innen gleichzeitig beantworten kann, so könnte es sein, dass er bei der asynchronen Betreuung öfter gleiche Fragen gestellt bekommt, was einen großen zeitlichen Aufwand darstellt. Zur Vermeidung derartiger Fälle kann ein/e E-Learning-Autor/in sogenannte FAQs erstellen.

FAQs

FAQs (Frequently Asked Questions – Häufig gestellte Fragen) können von einem Autor bzw. einer Autorin öffentlich erstellt und von allen Teilnehmer/innen besichtigt werden. Dies verhindert, dass der/die Autor/in eine gleiche Frage öfters gestellt bekommt. Die FAQs sind nicht starr, sondern sie können sich während der Benutzung des E-Learnings ständig erweitern, da eventuell immer neue Fragen auftauchen.

Diese häufig gestellten Fragen können auch als eine Art asynchroner Betreuung gesehen werden, da sie immer wieder von allen Teilnehmer/innen besichtigt werden können.

5   Evaluation von E-Learningprogrammen

Janetzko definiert Evaluation als systematische und zielgerichtete Sammlung, Analyse und Bewertung von Daten zur Qualitätssicherung und Qualitätskontrolle. Sie gilt weiters der Beurteilung von Planung, Entwicklung, Gestaltung und Einsatz von Bildungsangeboten bzw. einzelner Maßnahmen dieser Angebote (Methoden, Medien, Programme, Programmteile) unter den Aspekten von Qualität, Funktionalität, Wirkung, Effizienz und Nutzen."[58]

Dies gilt umso mehr für E-Learning-Programme, denn Evaluation dient zur Qualitätssicherung im Hinblick auf Verständlichkeit der Inhalte, Akzeptanz durch die Lernenden und Effizienz des Einsatzes.[59] Sie ist die Voraussetzung für den effizienten Ablauf jedes Projektest[60].

Beim E-Learning unterscheidet man zwei Arten von Evaluation:[61] Die formative Evaluation (Gestaltungsevaluation), die bereits während der Softwareerstellung erfolgt und die summative Evaluation eines bereits bestehenden Produktes. Vor einer Evaluation müssen die Evaluationsbereiche mit den dazugehörigen Kriterien erstellt werden, um die Evaluation möglichst effizient zu gestalten. Zu den Evaluationsbereichen zählen Teilnehmer, Materialien, technisches System und die Betreuung.

---

[58] Vgl. Janetzko, 2002, S. 103.
[59] Vgl. Dittler, 2002, S. 293.
[60] Vgl. Kiedrowski, 2001, S. 203.
[61] Vgl. Holzinger [3], 2001, S. 224.

5.1   Evaluationsbereiche[62]

Unter Evaluationsbereichen werden jene Bereiche verstanden, die zur Evaluation herangezogen werden können. Sie werden getrennt beurteilt, können sich aber auch gegenseitig beeinflussen.[63]

Jeder Evaluationsbereich kann in diverse Kriterien eingeteilt werden, wobei diese „Unterbereiche" wiederum gesondert evaluiert werden können. Ein Beispiel dazu wäre, dass sich der Bereich Betreuung in die Unterbereiche Problemlösung, Betreuung des Kurses, Anmeldung, Online-Treffen und Präsenzphasen teilen lässt. Jeder Unterbereich eines Bereiches soll für sich evaluiert werden und erst danach in eine Gesamtevaluation des Bereiches zusammengefasst werden.

5.2   Bereiche

Teilnehmer/innen

Bei der Evaluation einer Lernplattform werden nicht die Teilnehmer/innen evaluiert, sondern die Plattform, dennoch ist die Mitarbeit der Teilnehmer/innen sehr wichtig. Durch die Beobachtung der Teilnahme, des Verhaltens oder/und des Lernerfolges können wichtige Hinweise für die Evaluation interpretiert werden. Weiters kann auch die Kommunikation unter den Teilnehmer/innen und der Transfer des Gelernten beobachtet werden.

---

[62] Vgl. Janetzko, 2002, S. 104f.
[63] Vgl. ebenda.

Materialien

Ein weiterer Bereich, welcher evaluiert werden kann, sind die Materialien, die in der Lernplattform eingesetzt werden. Hier wird einerseits der Inhalt beachtet und andererseits die mediale Unterstützung, dazu zählen beispielsweise Bilder, Videos oder Animationen und deren Umsetzung. Inhaltlich wird auf Vollständigkeit, Korrektheit, Umfang und Aktualität geachtet.

Technisches System

Wie bereits im Laufe der Arbeit mehrmals beschrieben, ist es wichtig, dass auf die diversen Ladezeiten (Bilder, Animationen, Videos) geachtet wird. Das technische System wird aber nicht nur in diesem Zusammenhang evaluiert, sondern es wird auch auf die Serverbelastung und auf die Stabilität des Web-Servers geachtet.

Betreuung

Als wesentlicher Bestandteil der Evaluation ist die Betreuung zu nennen. Die Studierenden dürfen sich einerseits nicht alleingelassen fühlen, müssen aber andererseits auch am Lernen gehalten werden. Das Setzen und Kontrollieren von Fristen und Terminen ist dabei ein wichtiges Kriterium.

5.3   Methoden der Evaluation

Um eine Evaluation empirisch hochwertig erfolgen zu lassen, müssen diverse Kriterien beobachtet und beachtet werden. Es gilt hierbei nicht lediglich Daten zu sammeln und bestimmte Aussagen zu treffen, sondern es ist wichtig Kriterien einzusetzen, die eine größtmögliche Aussagekraft treffen. Diese Evaluationsmethoden sollen allerdings das Lerngeschehen nicht behindern. Es werden drei Methoden der Evaluation unterschieden, wobei auch die Beteiligung von Menschen beachtet wird: subjektive, objektive und leitfadenorientierte Evaluationsmittel.[64]

5.3.1 Subjektive Evaluationsmittel

Die Lernplattform wird von Menschen evaluiert, welche das E-Learning-Angebot benutzen. Nachdem bereits mit der Lernplattform gearbeitet wurde, erfolgt eine Evaluation mittels Befragung oder „lautem Denken". Dabei werden bei dieser Art der Evaluation alle Evaluationsbereiche beachtet.

Befragung

Die geläufigsten Varianten sind mündliche und schriftliche Befragungen. Bei der mündlichen Befragung (Interview) werden Fragen zu einem gewählten Evaluationskriterium gestellt und sollen dadurch der Evaluation dieses Kriteriums dienen. Es gibt drei Arten von Interviews[65]: strukturierte Interviews (Leitfaden mit Fragen samt Formulierung), halbstrukturierte Interviews (Fragen oder Themenbereiche werden festgelegt, nicht aber die Reihenfolge und der Wortlaut) und freie Interviews (keine Vorstrukturierung). Schriftliche Befragungen können mittels Fragebogen entweder am Computer oder am Papier ausgefüllt werden. Gerade bei dem E-Learning-Angebot werden am häufigsten Online-Fragebögen eingesetzt.

---

[64] Vgl. Holzinger [3], 2001, S. 225f.
[65] Vgl. Janetzko, 2002, S. 109.

Lautes Denken[66]

Bei dieser Evaluationsmethode werden die Teilnehmer/innen aufgefordert eine bestimmte Übungsaufgabe zu bewältigen und ihre Überlegungen und ihre Probleme laut vor sich her sagen. Die Gedanken werden aufgezeichnet und nach bestimmten Kriterien ausgewertet.

5.3.2   Objektive Evaluationsmittel

Bei dieser Methode wird versucht, alle subjektiven Einflüsse (zB Emotionen, Vorlieben oder Vorurteile) der Benutzer/innen weitgehend auszuschließen.[67]

Beobachtung

Anhand der Beobachtung werden Ausführungszeiten, Fehler, beobachtete Handlungen, welche den Evaluationskriterien entsprechen, beurteilt und so zur Evaluation herangezogen. Der/die Teilnehmer/in muss nicht selber das Lernprogramm beurteilen, sondern es wird indirekt durch diese beobachteten Kriterien evaluiert. Durch diese Beobachtung wird die Evaluation objektiver.

Es gibt zwei Arten von Beobachtungen: Die anwesende und die abwesende Beobachtung.

---

[66] Vgl. Holzinger [3], 2001, S. 226.
[67] Vgl. ebenda.

Bei der anwesenden Beobachtung sitzt der/die Beobachter/in neben oder hinter dem/der Benutzer/in und versucht so durch die oben erwähnten Kriterien die Lernplattform zu beurteilen. Bei der abwesenden Beobachtung wird der/die Benutzer/in indirekt beobachtet, zB über eine Videoaufzeichnung.[68]

Zusätzlich zur Beobachtung der Benutzer/innen werden Umgebungsvariablen, wie beispielsweise die Arbeitsplatzsituation, erfasst.[69] Dadurch hängt die Evaluation nicht nur von einer Person ab, sondern es werden diverse Variable zusammengefasst und so als eine Einheit bewertet, aus der möglichst objektive Schlüsse gezogen werden können.

Verhaltensaufzeichnung

Vergleichbar mit einer abwesenden Beobachtung ist auch die Verhaltensaufzeichnung. Diese wird am Einfachsten durch "Log-Dateien" oder „logfile-recording" durchgeführt. Log-Dateien stellen Zugriffsstatistiken bereit und geben weiters Aufschluss über Uhrzeit, Abfolge und Dauer der Nutzung.

Probleme mit der Nutzung der Log-Dateien können auftreten, wenn nur einzelne HTML-Dokumente abgedeckt werden. Wird also beispielsweise auf eine Newsgroup oder einen Chat im Internet zugegriffen, so kann dies nicht mitdokumentiert werden. Weiters wird die Zeit

---

[68] Vgl. ebenda.
[69] Vgl. Friedrich, 2000, URL http://sin01.informatik.uni-bremen.de/sin/lehre/00s/03-811/dateien/me06-00v2Ooh.pdf.

meist nur im Minutenbereich mitgezählt, die Nutzungsdauer wird also nicht optimal mitdokumentiert.[70]

Tests

Im Bereich der Evaluation wird unter einem Test ein standardisiertes Verfahren bezeichnet, welches diverse Merkmale, Verhalten und Leistungen, bewertet. Hier werden informelle Tests (werden in der Evaluationspraxis eingesetzt) und standardisierte Tests (zB Intelligenztests) unterschieden.[71]

5.3.3   Leitfadenorientierte Evaluationsmittel

Im Gegensatz zu den zwei bereits beschriebenen Evaluationsmittel, sind bei einer leitfadenorientierten Evaluation keine Benutzer/innen notwendig. Häufig erfolgt eine leitfadenorientierte Evaluation durch eine/n Expert/in, welche/r sich an softwareergonomischen Fragestellungen orientiert, dadurch ist sowohl eine subjektive, als auch eine objektive Evaluation gegeben.

Die E-Learning-Plattform wird anhand eines Prüfungsleitfadens, entlang der Evaluationskriterien, bewertet.[72] Der Prüfungsleitfaden enthält Prüffragen, welche zB die Benutzereigenschaften oder die Aufgabenstellungen bewerten sollen.

---

[70] Vgl. Janetzko, 2002, S. 109ff.
[71] Vgl. ebenda, S. 111.
[72] Vgl. Holzinger [3], 2001, S. 226.

Ziel-Kriterium-Mittel Hierarchie

Bei jeder Evaluation muss der Zusammenhang zwischen den Evalua-
tionszielen (*Wozu soll evaluiert werden?*), den Evaluationskriterien
(*Was soll evaluiert werden?*) und den Evaluationsmitteln (*Wie soll die
Evaluation erfolgen?*) beachtet werden. Denn für jedes Ziel ist ein
bestimmtes Kriterium notwendig, welches schon im Vorhinein abgeklärt werden soll. Gleichzeitig gilt, dass für jedes Kriterium ein bestimmtes Evaluationsmittel notwendig ist![73]

---

[73] Vgl. ebenda.

Teil 3: Modelle des Blended-Learnings

Der abschließende dritte Teil dieses Buches ist den Modellen des E-Learning gewidmet. Dies stellt einen der wichtigsten Aspekte bei der Konzeption dar. Hier wird letztendlich auf die Konstruktion entsprechender E-Learningmodelle, im Sinne des Blended-Learnings eingegangen.

Dabei wird besonderer Wert auf die Implementierung des E-Learning in ein pädagogisches Gesamtkonzept Wert gelegt. Die sinnvolle Anordnung von Präsenz- und E-Learningphasen im Sinne eines didaktischen Arrangements stehen dabei im Mittelpunkt. Nicht der Einsatz elektronischer Medien dürfen dieses Arrangement bestimmen sondern ausschließlich die Vorgehensweise nach pädagogischen Gesichtspunkten.

Die eingangs erwähnten Lerntheorien, der Behaviorismus, der Kongnitivismus und der Konstruktivismus haben dabei eher kategorisierenden Charakter und geben die Art und den Umfang der Inhaltsdarbietung vor. Je nachdem ob die Inhalte in Form eines E-Books auf einer Lernplattform angeboten werden oder eine Lernplattform nur als Arbeitsdrehscheibe für erteilte Aufträge eingesetzt wird, richten sich die Hauptaktivitäten bei der Konzeption.

Letztendlich ergibt sich aus den zuvor skizzierten Aspekten die Art und der Umfang der Betreuung bzw. Administration des Blended-Learning-Vorhabens. Wie die Ergebnisse des Forschungsprojektes belegen, wird die Qualität eines Blended-Learning-Vorhabens vorrangig damit gemessen!

1   Ergebnisse des Forschungsprojektes

Für dieses Kapitel stellen die Forschungsergebnisse hinsichtlich der Akzeptanz und Sinnhaftigkeit des E-Learnings, die mittels qualitativer Interviews erhoben sowie die Effizienz, die durch einen Paralleltest untersucht wurde, die Grundlage dar.

1.1   Zur Akzeptanz und Sinnhaftigkeit des E-Learnings

Für die Befragung hinsichtlich der Akzeptanz und Sinnhaftigkeit des E-Learnings an der Berufspädagogischen Akademie des Bundes in Graz wurden qualitative Interviews herangezogen. Im Zuge dessen wurden 12 Studierende nach dem Zufallsprinzip ausgewählt und in einem ca. 30 Minuten dauernden Interview befragt. Die Ergebnisse aus den Interviews lassen sich folgendermaßen zusammenfassen.

Der erste Fragenkomplex befasste sich mit der Akzeptanz und Sinnhaftigkeit des E-Learnings. So befand die Mehrheit der Befragten E-Learning als positive Ergänzung zum Präsenzunterricht. Allerdings nur unter dem Gesichtspunkt der Sinnhaftigkeit. Dies war nach Meinung der Befragten gegeben, wenn durch das E-Learning zeitliche und örtliche Unabhängigkeit geschaffen werde.

Zumindest ebenso deutlich kam aber heraus, dass sie das E-Learning nicht als sinnvoll erachten, wenn (beispielsweise im zweiten Studienabschnitt, in dem sie ohnehin vor Ort sein müssen) diese Inhalte leichter in Präsenzphasen vermittelt werden könnten.

91

Hier kam die Kritik zu Tage, dass ihnen der direkte Kontakt zu den Lehrbeauftragten und etwaige persönliche Stellungnahmen desselben zu den Inhalten fehlen würden.

Bemerkenswert ist auch, dass die Mehrheit der Befragten, ohne gezielt daraufhin angesprochen worden zu sein, auch die Qualität des E-Learningprogramms und der Betreuung als Kriterien der Sinnhaftigkeit nannten.

Auf die Frage der Effizienz des E-Learnings waren sich die Befragten einig, dass diese in einer Präsenzveranstaltung als weitaus höher einzustufen sei. Durch die fehlenden persönlichen Kontakte zu den Lehrbeauftragten könnten keine spontanen Stellungnahmen eingefordert werden und sie fühlten sich häufig mit bestimmten Problemlagen alleingelassen. Dem konnte auch der E-Mailkontakt nicht entgegenwirken, da dieser doch sehr anonym und ohne persönlichen Bezug stattgefunden hätte. Diese Meinung deckt sich mit der Untersuchung durch den Paralleltest, der im nächsten Kapitel dargestellt wird.

Auch die Frage nach einem sinnvollen Modell des E-Learnings wurde von der Mehrheit der Befragten insofern beantwortet, dass sie reines E-Learning in Form von isoliertem Lernen ablehnten. Sie wünschten sich eine Mischung aus Präsenz- und E-Learningphasen, die einander ergänzen sollten. Die Befragten begründeten dies (vergleichbar mit der Effizienz des E-Learnings) dadurch, dass sie in Präsenzphasen Probleme aufarbeiten und Expertenmeinungen einholen könnten. Diesem Umstand könne auch eine gut geführte E-Learningbertreuung per E-Mail nicht Rechnung tragen.

1.2   Zur Effizienz des E-Learnings

Zur Fragestellung hinsichtlich der Effizienz des E-Learnings, wurde zusätzlich zum qualitativen Interview ein Paralleltestverfahren entwickelt.

In diesem Teil des Forschungsvorhabens wurden am Ende des Semesters die Lernleistungen der Studierenden, die am E-Learning teilgenommen hatten (Studierende der Abteilungen Berufsschulen und Technisch-gewerblicher Fachunterricht) mit den Lernleistungen der Kontrollgruppe, also den Studierenden, die die gleichen Inhalte anhand eines Skriptums in Präsenzphasen dargeboten bekamen (Studierende der Abteilungen Informationspädagogik und Ernährungspädagogik) miteinander ausgewertet und vergleichen. Im Paralleltest wurden sowohl Wissens- als auch Verständnisfragen gestellt.

Bei den Wissensfragen konnten keine signifikanten Unterschiede hinsichtlich der Lernleistung festgestellt werden, allerdings lag bei den Verständnisfragen die zu erreichende Punkteanzahl bei den Studierenden, die am E-Learning teilgenommen hatten, durchschnittlich um 8 % niedriger als in der Präsenzgruppe. Dieser Faktor belegt, dass die Effizienz des E-Learnings im vorliegenden Forschungsprojekt, was das Verständnis der Inhalte betrifft, als niedriger einzustufen ist, als die eines traditionellen Präsenzunterrichtes.

2   Lernarrangements

Unterricht bedeutet mehr, als das Anwenden bloßer Techniken, Strategien oder Schaffung von Rahmenbedingungen – Lernen ist ein diffiziler Vorgang der einer Gesamtreflexion unterzogen werden muss. Dieser Grundsatz hat vor allem für das E-Learning besondere Bedeutung. Die Gestaltung entsprechender Modelle geht dabei immer mit einer sinnvollen Anordnung von Präsenz- und E-Learningphasen, in Form eines didaktischen Lernarrangements einher. Hierbei muss der Fokus in erster Linie auf die Bedürfnisse der Lernenden gerichtet sein. Häufig werden diese Anordnungen eher aus organisatorischer und administrierbarer Sicht getroffen.

2.1   Konstruktion des Lernarrangements

Bei der Konzeptentwicklung muss zuallererst die Entscheidung über inhaltliche Teile, die ausgelagert werden können, sollen oder müssen, getroffen werden. Erfahrungsgemäß sollte dies eher auf Basis der Auseinandersetzung mit den Lerninhalten passieren und nicht zur Vermittlung neuer oder schwieriger Inhalte. Diese sollten vornehmlich im Präsenzunterricht vermittelt werden.

Ist dies durchgeführt muss eine sinnvolle Anordnung der Präsenz- und E-Learningphasen durchgeführt werden. Hier gibt es leider kein didaktisches Rezept, das allen Anwendungsfällen gerecht werden könnte. Diese Anordnung richtet sich einerseits nach der Kategorisierung der Inhalte aber natürlich auch an der Durchführbarkeit.

Folgende Fragen erscheinen dabei als sinnvoll:

„Welche Inhalte können von den Lernenden selbstständig bearbeitet und gelernt werden?"

„Welche Phase kann oder muss auf welche folgen?"

„In welcher Form und in welchem Umfang sollen Inhalte ausgelagert werden?"

„Gibt es bereits fertige E-Learning-Produkte auf dem Markt, die für das Blended-Learning-Vorhaben verwendet werden können?"

„Wie soll das Betreuungsmodell aussehen und wie werden die Rückmeldungen gestaltet?"

„Wie kann man die Lernenden an der Stange halten?"

2.2   Die didaktische Aufbereitung der Lernmedien

Basierend auf den Erkenntnissen der Lerntheorien des Behaviorismus, des Kongnitivismus und des Konstruktivismus, erfolgt hier die Entscheidung wie und in welchem Umfang Inhalte aufbereitet und angeboten werden müssen.

Wird der behavioristisch/kognitivistischen Weg gewählt, so wird sehr viel Energie in die Konzeption der Inhalte nach lernpsychologischen und lerntypenentsprechenden Richtlinien investiert werden müssen. Wie auch die Ergebnisse des Forschungsprojektes belegen, ist eine einmalige Konzeption meist nicht auf dem qualitativen Stand, den sich alle Beteiligten – Lehrende und Lernende – vorstellen.

Beim konstruktivistischen Zugang wird die Lernplattform eher als Arbeitsdrehscheibe eingesetzt werden, auf der die Inhaltsdarbietung eher sekundären Charakter besitzt. Hier wird es sich in erster Linie um Arbeitsaufträge, Übungsteile, etc. handeln, die den Lernenden zur Auseinadersetzung mit den – meist im Präsenzunterricht dargebotenen – Inhalten zur Verfügung gestellt werden.

Bei der didaktischen Aufbereitung der Inhalte empfiehlt sich folgende Vorgehensweise:

- Formulierung der Lernziele, die in den jeweiligen E-Learning-Portionen erreicht werden sollen.

- Ausgehend von diesen Lernzielformulierungen müssen natürlich die jeweiligen Lernerfolgskontrollen gestaltet werden.

- Didaktische Reduktion und Transformation der Inhalte in einfache klare und prägnante Formulierungen.

- Mediale, ansprechende und lerntypenentsprechende Aufbereitung der Inhalte.

- Konzeption sinnvoller und anwendungsorientierter Arbeitsaufträgen, etc.

- Laufende Evaluation hinsichtlich der Lernbarkeit und Lückenlosigkeit der Inhalte.

Bei kritischer Durchsicht der oben angeführten Punkte wird schnell klar, dass ein solches Vorhaben mit enormem Arbeitsaufwand verbunden ist, der die Entscheidung zu Gunsten eines konstruktivistischen Blended-Learning-Vorhabens unterstützt.

2.3   Die didaktische Konzeption des Betreuungsmodelles

Bei der Konzeption eines didaktischen Betreuungsmodelles ist besonderes Augenmerk auf den technischen Support, auf die Betreuung hinsichtlich der Inhalte (vor allem beim ersten Durchlauf eines Blended-Learning-Vorhabens) und natürlich hinsichtlich der Arbeitsaufträge, etc., zu legen.

- Zum technischen Support hat es sich als sinnvoll erwiesen professionelle IT-Experten heranzuziehen. Diesen Support an die Lehrenden zu delegieren hat sich aufgrund der unterschiedlichen Kenntnise und Fähigkeiten hinsichtlich der elektronischen Medien nicht als sinnvoll erwiesen.

- Zur inhaltlichen Betreuung wird der Bedarf gerade zu Beginn eines E-Learning-Angebotes bei Weitem höher sein, als bei einem bereits erprobten und mehrmals durchgeführten.

- Hinsichtlich der Betreuung der Arbeitsaufträge, etc.. bedarf es einer fundierten und geplanten Vorgehensweise, auf die im nächsten Kapitel (Adminsitration des Blended-Learning-Vorhabens) noch genauer eingegangen wird.

2.4   Die Administration des Blended-Learning-Vorhabens

Blended-Learning-Vorhaben bedürfen einer klaren und transparenten Kommunikation der Vorgehensweise! Die Lernenden müssen zu Beginn des Vorhabens genau über die Vorgehensweise, den zu erwartenden Arbeitsaufwand und vor allem über die Sinnhaftigkeit informiert werden.

Erfahrungsgemäß stellt die Identifikation, der am Blended-Learning Beteiligten, mit der Konzeption einen wesentlichen Erfolgsgaranten dar. Ist dies nicht gegeben, ist der Erfolg unabhängig von der Qualität des Blended-Learning-Vorhabens gefährdet.

Besonderes Augenmerk muss auf die oben bereist erwähnte Betreuung der Arbeitsaufträge, etc. gelegt werden. Die Art und Konsistenz der Rückmeldungen muss dabei bereits in der Konzeption berücksichtigt werden.

Die meisten Lernplattformen bieten mehrere Möglichkeiten der Kommunikation an. So stellen die meisten eine ausgefeilte E-Mailfunktion und einen Chatroom zur Verfügung. Die Entscheidung für einen der Kommunikationswege oder für beide liegt beim Betreuer/der Betreuerin. Hier empfiehlt es sich aber, bestimmte Zeiträume zu definieren! Dies gilt auch für den E-Mailverkehr, denn die Lernenden erwarten sich ehestmöglich eine Rückmeldung! Sind die Zeiträume klar, ist die Erwartungshaltung auch dementsprechend.

Um die Lernenden „bei der Stange zu halten", ist das Setzen von Terminen und Fristen, sowie die Kontrolle der Einhaltung von großer Bedeutung – wer lernt schon, wenn es keine Konsequenzen gibt. Erfahrungsgemäß bedarf E-Learning einer verstärkten Kontrolle!

In diesem Sinne wünsche ich all jenen, die vorhaben ein Blended-Learning-Modell zu entwickeln viel Erfolg und vor allem Spaß an der Erstellung!

Literaturverzeichnis

Aschersleben, Karl: Welche Bildung brauchen Schüler? Vom Umgang mit den Unterrichtsstoff, Bad Heilbrunn, 1993, Auszug aus: URL http://bebis.cidsnet.de [04.01.2005]

Baumgartner, Peter/Häfele Hartmut/Maier-Häfele, Kornelia: E-Learning Praxishandbuch. Auswahl von Lernplattformen, Innsbruck/Wien/München/Bozen, 2002

Behrens, U.: Teleteaching is easy?! Pädagogisch-psychologische Qualitätskriterien und Methoden der Qualitätskontrolle für Teleteaching-Projekte, 2. Auflage, Landau, oJ

Blankertz, Herwig: Theorien und Modelle der Didaktik, Weinheim/München, 1991

Bruck, Peter/Stocker, Günther (Hrsg.): Schulen am Netz, Wien, 1997

Bruns, Beate/Gajewski, Petra: Multimediales Lernen im Netz. Berlin/Heidelberg, 1999

Dick, Egon: Multimediale Lernprogramme und telematische Lernarrangements/Einführung in die didaktische Gestaltung, Nürnberg, 2000

Dittler, Ullrich (Hrsg): E- Learning, Wiesbaden 2001. 2. Auflage, München/Wien, 2002

Friedrich/Eigler/Mandl/Schott/Seel (Hrsg.): Multimediale Lernumgebungen in der betrieblichen Weiterbildung, Berlin, 1997

Geiser, G.: Mensch-Maschine-Kommunikation, München, 1990

Gieringer, Hans: CBT in der Führungskräfte-Weiterbildung, Bonn, 1997

Gonschorek, Gernot/Schneider, Susanne: Einführung in die Schulpädagogik und die Unterrichtsplanung, Donauwörth, 2000

Holzinger, Andreas: Basiswissen Multimedia, 1. Auflage, Würzburg, 2001, Band 1-3

Holzinger, Andreas: Basiswissen Multimedia - Band 1: Technik, Würzburg, 2000 (zit. 2000a)

Holzinger, Andreas: Basiswissen Multimedia - Band 2: Lernen, Würzburg, 2000 (zit. 2000b)

Holzinger, Andreas: Basiswissen Multimedia - Band 3: Design, Würzburg, 2001

Kerres, Michael: Multimediale und telemediale Lernumgebung – Konzeption und Entwicklung, München/Wien, 1998

Kiedrowski, Joachim: Lernplattformen für e-Learning-Prozesse beruflicher Weiterbildungsträger. Bewertung und Auswahl mit Methoden des Total Quality Managements, Köln, 2001

Kron, Friedrich W.: Grundwissen Didaktik, 3. Auflage, München/Basel, 2000

Kubicek/Bracyk/Klumpp/Müller/Neu/Raubold/Roßnagl (Hrsg.): Lernort Multimedia, Heidelberg, 1998

Mager, Robert: Lernziele und Unterricht, unveränderte Neuausgabe nach der Ausgabe von 1977, Weinheim/Basel, 1994

Magnus, Stephan: E-Learning/Die Zukunft des digitalen Lernens im Betrieb, 2001

Moriz, Werner: E-Learning in der Lehrer/innenausbildung, in: ÖZB – Österreichische Zeitschrift für Berufsbildung 3-02/03, 2003a, S. 25.

Moriz, Werner: Unterrichtswissenschaften/Theorien des Lehrens und Lernens und berufspädagogische Handlungskompetenzen, 2. Auflage, Norderstedt, 2007

Schwarzer, Ralf (Hrsg.): MultiMedia und TeleLearning/Lernen im Cyberspace, Frankfurt am Main/New York, 1998

Schwendenwein, Werner: Theorie des Unterrichtens und Prüfens, 7. Auflage, Wien, 2000

Siebert, Horst: Didaktisches Handeln in der Erwachsenenbildung/ Didaktik aus konstruktivistischer Sicht, 3. Auflage, Luchterhand, 2000

Sonnleitner, Stephan: 2-D Imaging, Bildbearbeitung, Adobe Photoshop, 2000

Stoll, Clifford: Die Wüste Internet/Geisterfahrten auf der Datenautobahn, 3. Auflage, Frankfurt am Main, 1999

Stoll, Clifford: Log out/Warum Computer nichts im Klassenzimmer zu suchen haben und andere High-Tech-Ketzereien, 2. Auflage, Frankfurt am Main, 2001

Tulodziecki, Gerhard: Neue Medien in der Schule. Projekte – Konzepte – Kompetenzen, Gütersloh, 1996a

Tusch, Hanspeter: Unterricht gestalten – miteinander lernen, Innsbruck, 1987